UP Feltrinelli

Carlo Greppi

Bruciare la frontiera

Prima edizione in "Feltrinelli Up" gennaio 2018

Stampa Grafica Veneta S.p.A. di Trebaseleghe - PD

ISBN 978-88-07-91039-5

A tutti i ragazzi che sono partiti,
e non sono tornati,
né arrivati

VALLE Stretta
Bardonecchia
NORD
OVEST
EST
SUD
COLLE
della Maddalena
Borgo San Dalmazzo
Valdieri
COL Ciriegia
COLLE di Finestra
Entracque
Limone Piemonte
COLLE di Tenda
Breil
Sospel
Ventimiglia
Garavan
Mentone
MAR
MEDITERRANEO

Whenever you need a home
I will be there
Whenever you're all alone
And nobody cares

You're just a poor misguided fool
Who thinks they know what I should do
A line for me and a line for you
I lose my right to a point of view

[Starsailor, *Poor Misguided Fool*]

L'ora X – Intro

0.
(Fra)

Non è che si diventa grandi così, un giorno, perché è scritto sul calendario.

La prima volta che Francesco aveva avuto la netta sensazione di essere grande – di essere qualcosa di compiuto, definito – era stato cinque anni prima, più o meno. Una mattina di quelle con il cielo che promette pioggia, in terza media. L'aria gli arrivava in faccia nonostante il cappuccio e la sciarpa tirata sopra il naso – i guanti no, quelli non li metteva mai perché le mani erano sempre in tasca. Aspettava gli altri davanti a scuola: visto che era quello che abitava più vicino di tutti arrivava sempre un po' prima e si appollaiava sulla ringhiera. Ricorda il freddo alle dita, ricorda quella sensazione di essere vivo e di avere dei pensieri suoi, ma proprio suoi.

Però un giorno così lo aspetti tutta la vita, in realtà. In quel momento per il resto del mondo – per quel resto del mondo che hai passato gran parte del tempo a combattere, o almeno a evitare – tu incominci a esistere. Il diritto di voto, firmarsi le giustifiche, le cose che ti fanno sentire cresciuto veramente.

La patente, anche se la macchina te la potrai permettere se va bene tra quindici anni.

Francesco salta sulla bici e parte, la musica nelle orecchie.

Apriti cielo
Sulla frontiera
Sulla rotta nera
Una vita intera
Apriti cielo
Per chi non ha bandiera
Per chi non ha preghiera
Per chi cammina
Dondolando nella sera

Il traffico della città gli scorre a fianco, Francesco sale sui pedali e fa lo slalom tra gli automobilisti incazzati. Un camion cerca di fare una manovra contromano e per poco non lo prende. Al posto che scusarsi, lo insulta – Ragazzino di merda, guarda dove vai! Lui vorrebbe rispondere, ma si sorprende a ridere. È una giornata fighissima e non la puoi rovinare, vecchio mio, pensa Francesco, mentre brucia un semaforo giallo e la musica gli cresce intorno.

Vento di guerra
È un uragano
Amore mio
Non ho la forza
Camminiamo

Ma, dopo un paio di chilometri, arriva lei – la salita, la maledettissima salita.

Francesco riesce a prendere un altro giallo per sfruttare la rincorsa e sale trenta, quaranta metri, ma poi niente. È ripida come un monumento, è bastarda come il difensore più incarognito, e il freddo alle mani, poi, gli impedisce di tenersi al manubrio come vorrebbe. E allora sale di nuovo sui pedali, ma non basta, ancora due colpi e poi la bici sembra fermarsi, sospesa al di sopra delle leggi di gravità che ci deve essere pure una formula per spiegarle ma Francesco durante l'ora di fisica divide un foglio in sessanta quadratini e ne sbarra uno ogni minuto, per cui queste cose non le sa. Il primo piede tocca l'asfalto, poi anche il secondo. Gli ultimi cento metri si fanno a piedi, e sia maledetto chi ha pensato di mettere la scuola lassù, pensa Francesco passandosi la manica della felpa sulla tempia sudata.

Mentre lega la bici al cancello, assaporando già il sole e il vento sulla fronte di quando alla fine della mattinata quella salita sarà discesa, gli si avvicinano Andrea e Alessia. Hanno in mano una bottiglia di spumante.

"Ragaaaaa, non sono ancora le otto," ride Francesco.

"Auguri, fratello," gli sorride Andrea.

"È un grande giornooooooooooo," Martina gli piomba a sorpresa alle spalle, abbracciandolo e scompigliandogli i capelli sulla nuca.

È un grande giorno, sì. Ma la festa no, quella a Francesco non interessa. Per il momento non c'è niente da celebrare, anche se qualche amico con cui farlo ci sarebbe pure. Andrea, Alessia e tutti gli altri suoi compagni di classe, quanto meno. E poi certo, Martina. Ma lui e Kappa se l'erano promesso mille anni fa, sulla panchina Numerozero, davanti a scuola. E le promesse, soprattutto quelle di mille anni fa, vanno mantenute. Faranno un viaggio indimenticabile, all'ora X. Il piano è per il ponte del 25 aprile, festa della Liberazione.

1.
(Fra – Kappa)

“Non so tu, ma io non vedo un ***** di niente.”
“No ma Fra, torna indietro.”
“Cosa, dove?”
“Quella, guarda quella lì, quella linea.”
“Uh, c’hai ragione Kappa.”
“Eh già.”
“...”
“Andiamo qui.”
“Qui, dici?”
“Sì.”
“Ci sta.”

Kappa chiude il computer e se lo infila nello zaino, mentre Francesco si tira su il cappuccio per coprirsi. Non è tanto la pioggia che gli scivola sulla fronte, a fargli compiere quel gesto. È qualcosa che viene da lontano. È il ricordo di quei minuti in cui la notte finisce e il sole si affaccia al rallentatore, e se non ti sforzi di tenere gli occhi aperti capita che perdi il momento più magico, ma alla fine quel momento arriva ed è giorno e nel giro di mezz’ora ti ritrovi a torso nudo. E poi giù, a piedi, verso valle. È il ricordo delle palpebre che scendono e di te che cerchi l’abbraccio dei tuoi vestiti, mentre lui fuma la pipa, immobile, e pensa a quando aveva dieci anni e poi venti, lassù.

C’era andato un po’ di volte, con il nonno, più o meno da quelle parti. E come tutti i ricordi dell’infanzia, sono più che altro immagini sparse, scollegate fra loro. Lui sulle spalle del nonno tra le more e i rovi che sfiorano le gambe, e a volte fanno quei graffi che quando sei piccolo li tratti sul serio come ferite di guerra. Il maglione ruvido fin sulle cosce, l’odore dell’alba. Le dita sui capelli sottili sottili che ricordavano la paglia, ma erano bianchissimi. Una partita alla tivù, prima di andare. Anzi due – una volta giocava il Camerun, un'altra due squadre di serie B. I mirtilli spalmati sulla faccia del tuo cuginetto che ride. Quella specie di foglie che se le lanci giù dal terrazzo fanno gli elicotteri, hanno proprio delle ali che servono per volare e disperdere i loro semi nel mondo – e sono così tante che ti sembra non finiscano mai. I bagni nel fiume, i forti con le muraglie che servivano a proteggersi dai nemici, tipo nel Medioevo. I buchi neri della memoria, quelli dei ricordi che non pensavi di avere ma basta una scritta su Maps per ripescarli. E gli aquiloni, sull'altipiano, dove il nonno diceva che c'era la frontiera, chissà quando.

"Fra."
"Eh."
"Ma tu lo sai come ci si arriva, in quel posto?"
"No, fratello, non mi ricordo un *****."

2.
(Fra – Kappa)

I suoi non sono quel genere di genitori che appena scatta l'ora X ai loro occhi sei grande e fai ciò che ti pare, ecco. Sono più quelli del Finché-vivi-qua-siamo-noi-a-decidere, Quando-sarai-indipendente-vedremo. Però, oggettivamente, ora lui e Kappa sono maggiorenni e la libertà è una cosa che se non ce l'hai te la conquisti – il colpo di mano ci sta, se anche non fossero d'accordo. Kappa ha in testa la Giamaica da anni, a Francesco più passa il tempo e meno gli sembra una buona idea. A parte che ci metterebbero dieci anni a trovare i soldi, ma non è quello il punto, perché se puoi sognarlo puoi farlo, no? Il nonno lo diceva sempre, *If you can dream it, you can do it*, era una frase del Vecchio Walt (Disney, ovvio). La prima cosa che Francesco aveva fatto all'ora X – in realtà sei giorni prima, ma il tizio aveva chiuso un occhio – era stato tatuarsela sull'avambraccio, in inglese. Aveva dovuto scegliere la prima parte, perché la seconda puzzava un po' di pubblicità occulta. Tipo "just do it", per capirci. *Dream it* era più morbido, e sua nonna si era pure commossa, quando aveva visto che la grafia era quella del nonno.

Comunque la ragione principale per cui la Giamaica era stata rimandata, a parte i soldi, è che Francesco aveva fatto questo viaggio ad Auschwitz, un paio d'anni prima, e ora aveva voglia di prendere in mano la sua vita – o almeno di provare a capire un po' di più se stesso e il mondo, e queste cose le ha sempre fatte con Kappa. Dunque niente Giamaica, o comunque non a questo giro: si parte e si va molto più vicino. Là dove dicono che finisca qualcosa e inizi qualcos'altro. Il nonno gli aveva raccontato una valanga di storie, di quando era lui bambino e poi ragazzo, di quando si passava di qua e di là in continuazione, anche se non gli aveva detto tutto, di sicuro. Su Maps si capisce a malapena dove sta, il confine, anche perché i nomi sono scritti un po' in italiano e un po' in francese, a *****, ma Francesco aveva mandato una mail a Gianluca, per chiedergli un consiglio. Una dritta, come direbbe lui. Gianluca era un giovane adulto che l'aveva accompagnato in quel viaggio, due anni prima. E anche se poi aveva fatto un discorso a tutti dicendo che – come dicono quelli che adulti lo sono per davvero – ora se la "sarebbero dovuta cavare", che avrebbero avuto "una strada davanti, solo da scoprire", in realtà a Francesco era rimasto legato. Ogni tanto lo chiamava, per monitorare un po' la situazione. Ed era diventato un punto di riferimento – aveva anche conosciuto Kappa, che, diciamolo, è un privilegio.

Caro Francesco,

se non mi hai mandato un messaggio vocale ma mi hai scritto una mail deve essere un viaggio importante, quello che farai con Kappa (salutamelo tanto, tra parentesi). Scusami se ci ho messo un po' a risponderti ma volevo farlo con calma. Eccomi, finalmente. Inizio dicendoti subito che mi sembra che voi abbiate già le idee piuttosto chiare. Tu mi scrivi che vorresti "ricollegare i fili" della memoria, ora che tuo nonno non c'è più. Mi dispiace molto – che non ci sia più, dico – ma non devi sentirti in colpa per averne parlato poco con lui. Sarebbe fierissimo di te e Kappa, a sapere quello che avete in mente. È una roba grossa, in generale e considerando che è appena "scattata l'ora X", e che di solito appena compi diciott'anni l'ultima cosa che pensi è di "andare a vedere come è fatta una frontiera", come mi scrivi tu. Com'è fatta la frontiera oggi, sinceramente non lo so. Però mi ricordo che quando avevo più o meno la tua età c'era la sbarra e la polizia ti controllava i documenti e avevamo sempre quella che chiamo la "sindrome del culo sporco" (sai quando ti ferma la polizia e tu non hai fatto niente ma comunque pensi che ti stia per succedere qualcosa, no?). E poi in teoria dagli anni novanta, poco prima che tu nascessi, le cose sono cambiate. L'Europa si è unita per davvero, con Schengen, e hanno smesso di chiederci i documenti. Sembra la preistoria, ma su rotte che ora sono controllatissime noi viaggiavamo senza che nessuno ci chiedesse niente. Ti fermavano semmai solo al confine con la Svizzera (a proposito: ti devo dare una busta, riusciamo a vederci prima che tu parta?).

Per rispondere alle tue domande, torna su Maps, parti dalla costa. Evita il tratto fra Ventimiglia e Mentone, a meno che non vogliate farvi un tuffo, ma comunque troverete un sacco di fiumi, più a nord. Io partirei dritto dal Parco delle Alpi Marittime, cominciando da Borgo San Dalmazzo, dove tra l'altro dovresti sentirti raccontare una storia che ti interesserà di sicuro – so io chi può farlo. Ti mando sul cellulare anche altri contatti per il tuo viaggio: chiamali pure, sono amici.

Un'ultima cosa. Sarà un segno del destino, forse, ma ti scrivo da un b&b, e mi è appena capitato tra le mani un libro in cui ho trovato questa citazione che non conoscevo. È di Oscar Wilde, ed è del 1891.

"Guardare una cosa è molto diverso dal vederla; niente si vede finché non se ne vede la bellezza; allora, e solo allora, quella cosa comincia a esistere. Ora la gente vede le nebbie, non perché ci siano, ma perché poeti e pittori ne hanno narrato la misteriosa bellezza."

Sai che si dice che le cose stanno negli occhi di chi guarda, no? Allora, io ti auguro di riuscire a pianificare questo tuo viaggio, di partire, e poi di guardare, guardare, e ascoltare.

Com'è che ti diceva sempre, tuo nonno? Se puoi sognarlo, puoi farlo. E allora fattelo dire: do it, fratellino.

Ti abbraccio,
Gianlu

E sono rogna patema imbarazzo
Sono un grumo di sale nei denti
Sono la chiave lasciata in ufficio
Che ha chiuso i battenti

Sono corrente che manca d'inverno
Sono ruota finita in un fosso
Sono quello che tende la mano
Al semaforo rosso

[Gianmaria Testa, *Tela di ragno*]

3.
(Ab)

"Ehi"

"Ehi"

":-)"

"Che ci fai ancora sveglio?"

"Non riuscivo a dormire"

"Pensavo"

"Al mare"

"Céline"

"Dimmi"

"Sai che non ho mai visto la neve"

"Ma non c'è"

"La neve non c'è, dico"

"Almeno credo"

"Ab ci sei?"

"Sì"

"Tra poco è domani :-)"

"Wow"

"Hai paura?"

"Sincero, non lo so"

Abdullah – Ab – aveva guardato un'ultima volta quella città inospitale con gli occhi dei suoi terrazzi, dei tessuti stesi alla luna che incomincia a scostarsi, e si era infilato le scarpe da ginnastica bianche. I ragazzi intorno a lui avevano fatto lo stesso. Il cellulare era carico, ma l'aveva spento. In riva al mare aveva visto com'è fatto il silenzio di chi parte: giovani uomini con i volti scavati dall'attesa, bambini tra le braccia, donne con la testa coperta e gli occhi limpidi della speranza, e della paura. Erano in tanti, quelli più o meno della sua età. Ma ora erano un ricordo lontano, si erano salutati quando Ab era riuscito a far perdere le sue tracce, andando verso nord, e loro erano rimasti nel centro.

Voleva viaggiare da solo.

Arrivare in una grande città europea è come arrivare in un formicaio. La gente corre, la gente non si ferma mai a parlarti, la gente non fa troppo caso a te, se sei bravo a non farti notare. Arrivare in una grande città europea ti fa venire una gran voglia di riallacciarti le scarpe, e ripartire.

Céline era sempre più vicina.

4.
(Ab)

Un ragazzo che parlava la sua lingua aveva detto ad Ab che se ti fermano una seconda volta dopo quella in cui sei sbarcato, se ti chiedono di allungare le tue mani come per guardarle, in realtà è perché ti stanno registrando in un gigantesco database, e dopo non potrai più andartene, mai più, da qui. Sarai costretto a vagare di giorno e di notte come le mosche dentro il camion con cui lo zio Mohamed portava la roba al mercato, senza un futuro a cui poter pensare ma senza la voglia di tornare indietro.

È già l'undicesima notte che dorme con le scarpe addosso, Ab.

Se le toglie solo di giorno, dove non dà nell'occhio. L'ultima volta che le aveva tolte era stato in un parco del lungofiume della grande città, dove aveva beccato un wi-fi libero. Si era scritto con Céline e, con lei, aveva guardato Maps.

"Ho letto che è pericoloso laggiù"
"Ventimiglia dici?"
"Sì"
"Quella sulla costa"
"Ma ci arriva il treno"
"Basta nascondersi in un treno"
"Mi ha detto uno qui"
"Io vengo ad aspettarti"
"Non fare cazzate"
"Poi i tuoi ti fanno cercare per tutta la Francia"
"E che me ne frega ;-)"
"Dai, Céline, appena passo la frontiera te lo dico"
"Ab"
"Ehi"

Era passato qualche secondo, che ad Ab però era sembrato un giro della terra intorno al sole, o viceversa.

"Ab quando ci penso ho il batticuore"
"Una roba pazzesca"
"Pazzesca :-)"
"Mi sta morendo il telefono Céline"
"Devo trovare dove ricaricare"

“Vado offline”

“Ciao”
“Stai attento”
“Amore”

Abbracciandosi le ginocchia appoggiato al muro della stazione, Ab chiude gli occhi e vede lei. Céline, di cui non può più fare a meno, oramai – parole sullo schermo e attese che sembrano infinite, con il cuore che neanche una batteria.

Close your eyes
Create your space and time in here you know
Where you can draw the line
One with yourself
And no one else
And feel alive

[Long Distance Calling, *Lines*]

La Porta – Level 1

0.
(Fra – Kappa)

Delle pareti della stanza si vede a malapena il colore, sotto tutti quei poster.

Ogni volta che Martina si barrica in camera con Francesco, aspettando che la madre di lui esca anche solo cinque minuti, si siede sul suo letto e rimane rapita a guardarsi intorno come se fosse diverso dal giorno prima. La porta non possono chiuderla a chiave, ma oramai sanno calcolare quanti secondi trascorreranno tra quando la madre rientrerà e quando si affaccerà con un "Tutto bene, ragazzi?" che assomiglia più a un controllo di polizia che ad altro.

Ora lei, la Suprema Controllora, è in casa, e allora Francesco e Martina si tengono a un metro o due di distanza. Il giorno della partenza si avvicina: lui sta svuotando una borsa, lei si lega i capelli rossi sopra la testa e gli parla.

"Allora? A me sembra una figata, questa cosa che fate."

"Sì," sorride distratto Francesco, cercando un maglione normale tra quelli che non metterebbe neanche se dovesse dormire nella neve.

"Ne hai parlato con Kappa, del fatto che potrei prestarvi la macchina?" chiede lei guardando per la settecentesima volta la cartolina che Francesco tiene sul comodino, quella del soldato che salta oltre il muro.

"Sì, sì, ma non c'ha ***** di guidare, tranquilla. C'è il treno."

"..." Martina rimane senza parole, fatto piuttosto raro, con lo sguardo dolce.

"Dice grazie, comunque."

Alla fine sono solo pochi giorni, pensa Francesco, cercando di schivare quella nostalgia che arriva e sembra sapere già tutto, quando ancora sei con la persona che ti mancherà, e poi lei ti scruta come se avessi qualcosa da nascondere, invece la cosa che stai cercando di nascondere è quanto male ti farà stare quattro giorni lontano da lei, e a volte hai il coraggio di dirlo, a volte no, che la nostalgia ce l'hai già scritta sotto la pelle, sai già come sarà. E allora Francesco si ritrova a pensare a una delle ragioni di questo viaggio con Kappa. Mentre comprime i jeans e la felpa nera per farci stare un paio di scarponcini, di colpo sta pensando ai capelli sottili di nonno Dodo seduto per terra. Stava appoggiato alla parete scrostata di quel terrazzo condominiale schiacciato ai piedi della montagna, mentre armeggiava con i tappi di sughero e gli spilli. Costruiva delle piccole gabbie, e quando riusciva a catturare delle mosche – a volte persino delle lucciole – le rinchiudeva dentro quelle prigioni in miniatura.

Sua madre strilla "Esco un attimo" dal fondo del corridoio, Martina le rimanda indietro un "Ok" e si avvicina a Francesco imitando il volo di un falco o di chissà quale altro animale volante. Lui prova a far canestro nella borsa piena con un piccolo pallone di cuoio, che manca il bersaglio e rimbalza verso il fondo della stanza. Mentre Martina gli salta al collo con l'entusiasmo di quella prima estate di quasi due anni prima, Francesco chiude gli occhi e da un buco nero della sua memoria riemergono le lucciole nella gabbia, che svolazzavano inquiete e ci stavano giusto il tempo perché il nonno gliele potesse far vedere nel silenzio della notte, al di qua della frontiera.

Poi, le liberava.

1.
(Fra – Kappa)

Kappa è sulla panchina Numerouno con una birra da 66 tra i piedi e l'aria scazzata, che non è molto da lui. Nonostante si senta già il vento tiepido che porta via definitivamente l'inverno, ha le mani rintanate nelle tasche e il cappuccio su – probabilmente vede solo la punta delle sue scarpe. Anche se non lo vede in faccia, Francesco riconosce la smorfia di quando le cose non vanno proprio come Kappa aveva previsto, e considerando che ci azzecca quasi sempre è una smorfia molto rara. La sua bici è sull'asfalto: sembra che sia stata lanciata, più che appoggiata.

"Che c'è fratello?" gli chiede Francesco, lasciando cadere anche la sua.

"Niente, bro, dammi un secondo che mi scende," risponde Kappa battendo il palmo sul suo con un'energia da batteria al due percento.

"Ok," dice Francesco, mentre i loro pugni si toccano appena nel finire il saluto, e si siede sullo schienale della panchina guardando le sue scarpe anche lui, in segno di solidarietà.

Lo zaino di Kappa è mezzo aperto: si vedono le bombolette, un libro e il suo mazzo con duecento chiavi che quando se le appende alla cintura fanno un rumore di vetri in frantumi che Francesco riconoscerebbe nel casino di un concerto.

"Volevo farti una sorpresa, ma mio padre ha mandato tutto a puttane," bofonchia Kappa cercando nello zaino il suo tabacco e spostando bruscamente il mazzo, infastidito. Le chiavi ci sono tutte: non una di meno, non una di più.

"..."

"Era solo per quattro giorni!"

"Cosa?"

"Volevo-andarci-in-camper," dice Kappa fondendo tutto in una sola parola, e poi aggiunge, "lassù."

"Uh, sarebbe stato fighissimo, *****."

"Non mi ci far pensare, guarda."

"Ok, ma hai la patente da..."

"Guarda che mi incazzo anche con te, se lo difendi," dice Kappa accendendosi la sigaretta.

"No vabbè, passa qua," chiude il discorso Francesco allungando la mano. Kappa afferra la birra dal collo e Francesco dà un sorso. Ma è mezza calda e sgasata, e d'istinto sputa tutto per terra. Kappa allora scoppia a ridere e il fumo gli va di traverso e muove la testa di scatto, così il filtro gli rimane appiccicato alle labbra e a quel punto Francesco viene contagiato dalla risata. Mentre Kappa tossisce con le lacrime agli occhi e Francesco sta per cadere dalla panchina, spuntano in lontananza Andrea e Alessia.

"Dai, Kappa, chissenefrega, prendiamo il treno come avevamo detto."

"Be' certo, a piedi anche no."

2.
(Fra – Kappa)

Che poi ci sono quei giorni in cui sembra che il mondo proprio ci tenga, a rovinarteli. O forse sei tu che a quel punto non fai che peggiorare le cose, chissà, quella dinamica che chiamano "profezia che si autoavvera". Comunque il fatto è che Andrea e Alessia arrivano e dicono Com'è-che-non-ce-l'hai-detto, in realtà lo dice solo Andrea ma sembra che lo dicano in coro, e Kappa risponde Scusa?, e Andrea senza neanche guardarlo gli dice Non sto parlando con te, e Kappa che aveva le palle in giostra fino a un minuto prima gli dice Ma levati, se parli con lui o con me è la stessa cosa, bomber, ricordatelo, e Francesco non fa in tempo a cercare di calmare le acque che Andrea e Alessia se ne partono con la storia del Pensavamo-di-essere-tuoi-amici e L'avete-detto-pure-ai-muri-ma-non-a-noi-lo-sanno-anche-i-tuoi, e la morale è che hanno saputo da Martina del viaggio di lui e Kappa, non di quello in Giamaica che faranno tra mille anni ma di questo qua con il treno e la frontiera che alla fine è diventato di dominio pubblico e Francesco non sa che dire perché certe cose non si possono spiegare, tipo l'amicizia tra lui e Kappa ha sempre avuto bisogno di questi momenti solo loro due. Questi momenti in cui puoi anche stare zitto due ore a guardare la cima di una montagna e non c'è bisogno di aggiungere niente, perché l'amicizia è quella cosa lì, non sclerarsi addosso.

E certo che Martina se ne poteva anche stare zitta, pensa Francesco, mentre Andrea e Alessia si allontanano mano nella mano dopo la loro sfuriata in duetto, e Kappa prende la bici senza neanche chiudere la cerniera dello zaino, e dice.

"Che giornata di merda."

3.
(Fra – Kappa)

"C'è una roba che non ti ho detto, Kappa."

Alle sei del mattino, la grande città è deserta. Un netturbino in bicicletta, un tizio che misura i passi in giacca e cravatta come se fosse il primo giorno di lavoro, una bottiglia di birra spaccata per terra, in piazza, qualche piccione che spicca il volo, libero di andare dove gli pare – negli occhi di Francesco e Kappa un paio d'ore di sonno e le immagini della notte che ancora non è finita del tutto. Il buio, senza fretta, lascia spazio al giorno che arriva.

"Eh, dimmi."

"Mi ha fatto promettere che l'avrei aperta solo a diciott'anni," dice Francesco, dando un colpo sul lato del suo zaino, sulla retina della tasca esterna.

"È di nonno Dodo?" chiede Kappa, sfilando la busta. Sulla lettera c'è scritto, con la stessa grafia da secolo scorso del tatuaggio sul suo braccio, *Per Franceschino – Riservata personale.*

"E di chi, se no?" risponde Francesco, cercando di nascondere quel misto di imbarazzo e commozione a rivedere il nome con cui lo chiamava anche sua madre prima di diventare la Suprema Controllora.

"Be', mi hai detto che Gianluca ti ha dato una lettera, bomber," lo incalza Kappa.

"Vero. Comunque le apriamo tutte e due poi là."

La stazione è più animata. Ci sono i negozianti che tirano su le serrande, due vigilantes che guardano una ragazza legare la bici, pendolari già seduti di fronte ai loro caffè, un signore che pulisce il pavimento, un uomo con lo sguardo per aria, verso i tabelloni, con due bimbi che lo imitano come se fosse il loro eroe.

E c'è un ragazzo, seduto a gambe incrociate su una panchina, i jeans arrotolati sulle caviglie: ha grossomodo la loro età, il cappuccio tirato fin quasi sopra gli occhi neri – è come se parlasse alle scarpe da ginnastica, che un tempo devono essere state bianche, dopo averle gettate davanti a sé. Il treno si riempie in fretta, per lo più di famiglie che vanno a passare il weekend al mare, o chissà che altro. Per loro sono solo cinque stazioni. Quando Francesco si volta, vede salire il ragazzo sul vagone prima del loro.

Maybe this kid was reaching out for love
Or maybe for a moment
He forgot who he was
Or maybe this kid just wanted to be hugged
Whatever it was
I know it's because

We are
We are
The youth of the nation

[P.O.D., *Youth of the Nation*]

4.
(Ab)

!ATTENZIONE
Negli ultimi mesi sono aumentati
i controlli ai confini e i controlli
su base etnica e nazionale
nelle stazioni e in altri luoghi delle
città vicine ai confini con Francia,
Svizzera e Austria. Sempre più frequenti
sono anche i controlli e i
fermi nei treni diretti verso gli altri
Paesi europei. Sono stati registrati
numerosi casi di trasferimenti forzati
[...]

!ATTENZIONE
Tieni presente che se tenti di attraversare
la frontiera salendo sul
tetto di un treno corri il rischio di
morire folgorato e che se attraversi
le gallerie e i binari dei treni rischi
di essere investito.

Ab si era trovato con questa guida tra le mani, nel bar, e continuava a leggere tutti gli avvertimenti, frastornato, come se fosse finito in un gioco di ruolo e non nel mondo reale. In stazione era riuscito a passare camminando in mezzo a una famiglia con tre o quattro figli poco più piccoli di lui e la mamma africana: nel tunnel due poliziotte li avevano lasciati passare tutti insieme. Ce n'erano copie in varie lingue, della guida, gli aveva detto un signore italiano poco fuori dalla stazione, mentre un ragazzo gli aveva indicato il bar dove ti danno sempre qualcosa da mangiare e fino alle 17 ti fanno ricaricare il telefono. Poi, con un cenno, gli aveva fatto vedere il mare.

"Se nuoti mille chilometri, sempre dritto, arrivi a casa tua," gli aveva detto ridendo. "Io dovrei farmi ancora un bel pezzo a piedi. Ma si arriva dappertutto, passo dopo passo. Qualcuno però è più fortunato, e vola."

Il sorriso sul volto del ragazzo era scivolato via di colpo – gli aveva raccontato di quel giorno in cui più di quaranta di loro che venivano dal Sudan erano stati caricati su un aereo e rispediti indietro. All'epoca non era ancora questo gran casino, aveva proseguito il ragazzo, faceva un caldo pazzesco e quelli che stavano qui erano sudanesi, come quelli a cui avevano dato un calcio nel culo e ciao, oppure venivano dal Corno d'Africa o dall'Afghanistan: scappavano tutti da guerre e persecuzioni.

Nel bar c'è un gran viavai di gente, la signora e la ragazza al bancone sono le uniche a sembrare italiane. "Se fai casino rischi che ti rispediscano nel paese da cui arrivi, se sanno dov'è." Il ragazzo ha voglia di parlare, gli è tornata l'allegria. Mentre si alzano, Ab riprende il telefono ormai carico e lo accende. Uno in fila all'altro arrivano i messaggi di Céline.

> "Dove sei Ab?"
> "Amore"
> "Ehi scrivimi appena puoi"

“Tu hai chiesto la protezione?” gli chiede il ragazzo zigzagando tra i passanti.

Ab annuisce: anche se non è qua per questo, il fatto che sia minorenne gli ha permesso di fare domanda per ottenere l’asilo politico, appena sbarcato. C’è scritto anche sulla guida, che non sta più sfogliando, perché il ragazzo procede svelto e perché Ab non riesce a smettere di guardare le bendature che ha sulle orecchie. Svoltano a destra, continuano a camminare. Sul ciglio della strada ci sono decine di uomini, non tutti giovani e giovanissimi, che cercano un po’ d’ombra aspettando chissà cosa. Ogni tanto passa una donna con in braccio un bambino, e procede verso una chiesa.

“Loro sono ospitate lì dentro,” gli spiega il ragazzo sedendosi su un gradino e sfiorandosi le bendature mentre Ab si sfila le scarpe. “Io dormo là sotto: nelle due strutture per gli uomini non c’è posto e non mi piace stare nei Buchi,” prosegue indicando la foce del Roja, davanti a loro, gli ultimi metri che il fiume fa prima di perdersi nell’acqua salata. C’è questo ponte con delle grandi arcate, e dalle aperture tonde nel cemento vede scendere un paio di ragazzi. “Se vengono a cercarti nei Buchi rischi di cadere giù, nel casino. Invece tra la vegetazione, più in là, puoi stare tranquillo. L’unica fregatura è che i topi a volte ti mangiano le orecchie, di notte, e quando te ne accorgi loro hanno già cenato,” aggiunge, ridendo. Poi, si alza di scatto, e gli piazza gli occhi praticamente nel cervello: “Amico, io oggi ci provo un paio di volte. Vieni con me?”.

Ab annuisce togliendosi la felpa, e ripensa alla città inospitale e al mare e a quando è scappato dal centro per minori per prendere la via del nord. Poi, mentre il ragazzo si accende un mozzicone di sigaretta trovato per terra, rimane un attimo in silenzio a osservare da lontano quella camionetta biancoazzurra, che quasi sparisce, tra le decine di persone che aspettano, il ponte e le sue arcate, la tangenziale, le alture in fiore che sovrastano la città vecchia e i dintorni. Tre poliziotti e due militari italiani, appoggiati alla camionetta, guardano passare una signora e ridono tra di loro.

Scacciando il fumo dagli occhi, Ab riprende in mano la guida e la sfoglia ancora. Sulla seconda pagina c'è scritto "Benvenuti in Italia e in Europa!".

!IMPORTANTE
Le procedure di identificazione
non possono mai violare i tuoi diritti
umani fondamentali quindi
le forze di polizia non possono
usare violenza e/o minacce per
prenderti le impronte digitali o
per svolgere altre procedure di
identificazione e non possono privarti
della libertà al solo fine di
identificarti.

!ATTENZIONE
Considera che al momento, a causa
dell'aumento dei controlli e dei respingimenti
su tutte le frontiere, è
molto difficile e pericoloso andare
dall'Italia in un altro Paese europeo.

C'è scritto che è molto difficile e pericoloso, pensa Ab – non che è impossibile.

Si infila la guida nella tasca dei jeans, prende le scarpe davanti a sé, si alza e segue il ragazzo che si avvia di nuovo verso la stazione.

5.
(Fra – Kappa)

“Il fascismo in Italia è al potere da quasi sedici anni quando arrivano le leggi razziali a perseguitare chi è considerato diverso, inferiore.” A Borgo San Dalmazzo, dove ci si inizia a sentire in montagna, con l’aria fresca che trapela tra i raggi di sole, li ha accolti una giovane adulta, che ha iniziato a raccontare loro una storia. Francesco e Kappa sono seduti sulla panchina del binario 1 della stazione, e la ascoltano. Si chiama Cristina, è un gancio che Francesco ha avuto da Gianluca.

“Il decreto del 7 settembre 1938 piomba sui destini degli ebrei che avevano visto nell’Italia una terra di rifugio, vietando loro di fissare ‘stabile dimora’ nella penisola e intimando di lasciarla entro sei mesi, pena l’espulsione. Il 12 marzo del 1939, allo scadere dei termini, erano presenti in Italia, ‘pur non avendo diritto alla proroga e non avendo diritto a rimanere’, 964 di loro. Almeno stando alle informazioni che aveva il ministero, che poche ore dopo decise di sospendere il decreto. Anche perché, nel frattempo, era stato introdotto un visto turistico, che ingarbugliava la faccenda.” La prof, pensa Francesco, a scuola sta parlando delle leggi razziali proprio in questi giorni. Cristina prosegue il racconto. L’aveva iniziato dicendo: “Vi posso raccontare la storia di Ernestyna e Isaak?”. Kappa aveva annuito tranquillo, e Francesco aveva ripensato a quando, poco prima, alla stazione di Fossano erano scesi dal treno insieme a una mandria di militari, e il suo migliore amico era sgattaiolato rapido e scattante oltre il binario, approfittando della confusione, e con la bomboletta aveva lasciato il suo tag – una “K.” rossa e gigante – sulla lamiera del loro vagone. Francesco avrebbe voluto dirgli qualcosa, ma poi si era fatto distrarre. Con un lato della faccia schiacciato contro il finestrino, il ragazzo con le scarpe bianche sporche e gli occhi neri lo stava guardando. Si erano scambiati un cenno con la testa, poi il treno era ripartito verso Ventimiglia, percorrendo la via costiera.

"L'Ente nazionale per il turismo della Berlino nazista aveva comunicato che pochissimi avevano intenzione di andare in Italia, oramai. A parte gli ebrei, che cercavano in ogni modo di allontanarsi dal cuore dell'Europa, dove la Shoah non era ancora cominciata ma i presagi si facevano sempre più oscuri. Come conseguenza scontata, furono a migliaia quelli che, come Ernestyna e Isaak, pensarono di affidarsi allo stratagemma dei visti turistici. Quando il ministero dell'Interno italiano, in agosto, fece una parziale marcia indietro inviando una nuova circolare ai prefetti che disponeva che agli ebrei stranieri fosse vietato l'ingresso, loro due erano già passati."

Lo sguardo di Cristina è limpido: sa dove vuole arrivare, conosce talmente bene questa storia che viene da pensare l'abbia vissuta sulla sua pelle. Prosegue: "Ernestyna e Isaak venivano dall'Austria, che oramai faceva parte del Grande Reich nazista, ma erano galiziani, nati all'inizio del secolo in quei territori polacchi inglobati nell'Impero asburgico. Quindi venivano da lontano: erano cresciuti in una terra di confine. A luglio del 1939 si trovavano a Ventimiglia, dove le agenzie di navigazione clandestina si erano fatte efficienti, anche se i pescatori che si erano reinventati *passeurs* dovevano fare i conti con l'apparato di sorveglianza francese...".

"Scusa... cosa sono i *passeurs*?" la interrompe Francesco.

"Sono tipo gli scafisti," si intromette Kappa, finendo di girarsi una sigaretta.

"Qualcosa del genere," conferma la giovane adulta, "è un mestiere antico, e c'è chi lo ha sempre fatto per arricchirsi e chi, invece, per arrivare alla fine del mese, come diremmo oggi. Troverai sempre dei *passeurs* dove la gente cerca di sconfinare irregolarmente, se ce n'è tanta. All'epoca, a proposito, i giornali di Nizza, in Francia, parlavano di 'esodo degli ebrei', scrivevano: 'Non passa giorno senza che dei clandestini non riescano in un modo o nell'altro a passare la frontiera nella nostra regione', mentre le autorità locali italiane suggerivano a quelle centrali di rispedirli ai confini di provenienza. Insomma, come direste voi, un gran casino," sorride Cristina, scostandosi i capelli dagli occhi e sedendosi vicino a loro.

"Isaak ed Ernestyna, come molti altri ebrei in fuga, venivano dall'Austria perché il montante nazionalismo polacco li aveva già indotti all'esilio, in una Vienna che sembrava fatta su misura per chi cercava un ambiente cosmopolita, aperto, inclusivo. Ma, anche lì, i primi segnali si erano percepiti in contemporanea al loro arrivo: le manifestazioni contro gli ebrei avevano iniziato a farsi sentire fin dai primi anni venti, per poi crescere e crescere, come una marea. In ogni caso, fino all'invasione dei nazisti, la coppia era rimasta. Poi, i due avevano tentato la via del Belgio all'inizio del 1939, ma non ci erano riusciti: entrambi erano stati arrestati e messi in carcere per due mesi. Era stato in quel momento che avevano deciso di provare a entrare in Italia. E avevano sbattuto la faccia contro la normativa antisemita che, mese dopo mese, si stava definendo: le 'leggi razziali', che probabilmente state studiando a scuola. Siete all'ultimo anno, vero?"

Ventimiglia, però, la città dove si trovavano Ernestyna e Isaak nel 1939, è lontana, pensa Francesco facendo sì con la testa. È dove finisce questa ferrovia, e Gianluca nella mail gli ha suggerito di evitarla, tendenzialmente. Pare che sia meglio stare alla larga da quella città di mare. Che comunque, anche se è sullo stesso confine, è a più di ottanta chilometri da qui – l'hanno visto su Maps.

"Qualcuno a Ernestyna e a Isaak lo avrà certo raccontato: la nuova linea del ministero, comunicata a prefetti e polizia di frontiera a inizio aprile, era di munire di foglio di via obbligatorio e avviare alla frontiera gli ebrei 'perché, a loro rischio e pericolo, abbandonino il territorio nazionale'. In sostanza, le guardie di confine stavano indicando a molte persone in fuga come loro il modo per passare in clandestinità la frontiera, via terra o via mare."

"Cioè, le guardie facevano i *passeurs*?" chiede Francesco.

"Praticamente," gli risponde Cristina. "Il problema era che, dall'altra parte, rischiavano di venire respinti."

6.
(Fra – Kappa)

"Difficile dire come Ernestyna e Isaak abbiano vissuto quel centinaio di giorni a due passi dall'ennesimo confine. Difficile immaginare per noi, oggi, quanto ci si possa abituare alla precarietà esistenziale, alla fuga come unico orizzonte possibile. Erano parecchie centinaia quelli che, come loro, aspettavano il momento giusto per passare. Ernestyna e Isaak si fecero trovare pronti la notte del 22 ottobre 1939, mentre in Europa oramai iniziava a infuriare la seconda guerra mondiale. I marinai che si prestavano a fare i passatori erano quasi sempre giovani uomini poco più grandi di voi, tra i venti e i trentacinque anni, e i due coniugi galiziani si affidarono a uno di loro. La barca su cui salirono, il *Nautilus*, dopo pochi chilometri in mare li scaricò vicino al porto di Mentone, in territorio francese. Il passatore che li aveva condotti oltre confine, Aldo, fu l'unico a essere arrestato, quel giorno. Era uno dei trentasette spedizionieri del litorale che vennero catturati e processati tra la primavera del 1939 e quella dell'anno successivo – vennero tutti condannati a sei mesi di prigione per favoreggiamento dell'immigrazione clandestina. Un reato di cui credo abbiate sentito parlare: esiste anche oggi, per gli scafisti ma non solo. Seguitemi," aggiunge Cristina alzandosi e facendo qualche passo alla loro sinistra. Il racconto sta prendendo una brutta piega, pensa Francesco ricordandosi che Kappa l'aveva sussurrato, che sarebbe stata una ***** di tragedia, questa storia. "Ma che c'hai, in 'sti giorni?" gli aveva chiesto Francesco.

"Oramai Ernestyna e Isaak erano in Francia. Per fare quella manciata di chilometri avevano pagato millesettecento lire, l'equivalente di un paio di mesi di stipendio, se avessero avuto un lavoro. 'Possediamo il denaro per vivere,' disse Isaak alla polizia francese. Sei mesi dopo furono processati insieme ai loro compagni di viaggio."

"Di nuovo?" interviene Francesco.

"Sì," risponde Cristina.

"Ma non avevano fatto niente," brontola Kappa.

"Se consideriamo l'epoca in cui vivevano, se la cavarono persino bene: qualche settimana di carcere e una multa. Poi andò tutto bene, credo – almeno per un po'. Quando l'Italia fascista, dopo essere entrata in guerra al fianco della Germania nazista, prese il controllo di tutta la zona oltre le montagne che vedete, Isaak ed Ernestyna erano ancora – o di nuovo – lì, dove l'ambiguità della politica di occupazione italiana giocò a loro favore. Per ragioni innanzitutto di prestigio, le autorità italiane non diedero retta alle insistenti richieste dei nazisti, rifiutandosi di consegnare gli ebrei presenti sul territorio da loro gestito. A differenza di altre zone, dove molti vennero respinti dagli italiani oltre frontiera e andarono incontro a morte certa, sul lato francese delle Alpi vennero create delle 'residenze forzate' in cui furono distribuiti gli ebrei presenti nella regione. Se camminate per otto ore, superata quella vetta, ci potete arrivare a piedi."

"Tipo dei campi di concentramento?" chiede Kappa.

"In realtà erano più luoghi 'di destinazione' che di internamento. Ma la situazione intorno era tremenda, ricordatelo."

Allontanandosi dall'edificio della stazione, sempre costeggiando la ferrovia, Cristina li precede tra alcune installazioni: sono scritte fatte da lastre di metallo, alte come persone. Si fermano davanti a un treno d'epoca, senza che Cristina dica cosa sia. Francesco, ripensando al suo viaggio ad Auschwitz di due anni prima, sente una fitta tra la pancia e il petto.

"Si sparse presto la notizia che nella 'residenza forzata' della zona di occupazione italiana non si veniva dati in mano ai nazisti e dunque nessuno ti deportava – la zona sarebbe stata addirittura ricordata come un'oasi di pace. Nell'estate del 1943 erano già decine di migliaia gli ebrei che avevano cercato rifugio lì. Poi, l'8 settembre del 1943, il loro mondo crollò. La notizia dell'armistizio firmato con gli Alleati, che avrebbe reso l'Italia un paese nemico della Germania nazista, arrivò anche lassù. Furono giorni concitati di preparativi, poi fu il momento di ripartire."

Francesco non riesce a staccare gli occhi dalla portiera di quel mezzo di trasporto che fa fatica a definire treno, gli tornano alla mente le valigie dei deportati che aveva visto nelle teche del museo di Auschwitz. Cristina lo sta guardando, come a cercare la sua attenzione, mentre Kappa si aggira tra le scritte con le braccia incrociate strette strette, quasi avesse paura di perdere pezzi del suo corpo.

"Questa volta, l'immagine è davvero quella di un esodo biblico, quell'esodo evocato con spropositato allarmismo dai giornali di Nizza, anni prima – l'immagine di centinaia di ebrei in fuga che non sanno cosa li attende dall'altra parte ricorda un grande serpente umano che si srotola sulla montagna, lassù. Che sale a fatica, e poi scende. I sentieri sono stretti, quelli più in forze aiutano i vecchi e i bambini. Qualcuno, esausto, torna sui suoi passi e si consegna, di fatto, ai suoi carnefici. Quasi nessuno sa dove si sta andando, quasi tutti seguono le persone davanti a loro e sanno solo che più in su, oltre i duemilaquattrocento metri sul livello del mare, seguendo la rotta della Quarta armata dell'esercito italiano in fuga dai suoi ex alleati, e poi forse quaggiù, verso questo paese chiamato Borgo San Dalmazzo, si può trovare la salvezza."

Francesco sente un brivido percorrergli la schiena, fino al collo, e ha l'immediata certezza che anche Kappa abbia provato lo stesso, in contemporanea, come quando pensano alla stessa parola nello stesso momento e cose così. Ha capito dove vuole arrivare. Lo sguardo di Kappa, quello del Te-l'avevodetto-io, lo trafigge.

"Queste scritte sono il simbolo visivo di quelli che ce l'hanno fatta, sono diciannove sentinelle della memoria per ricordare i sopravvissuti di quella marcia. Se lo rifacessimo oggi, i nomi sarebbero almeno venti in più. Ma sono comunque pochissimi, e quelli di Ernestyna e Isaak non ci sono," dice Cristina, prima di tirar fuori dalla tasca un foglio arrotolato e mostrarlo ai ragazzi. È una riproduzione di uno di quei manifesti giallognoli che in guerra vengono affissi sulle porte delle case.

COMANDO GERMANICO
DI BORGO S. DALMAZZO

Entro le ore 18 di oggi, tutti gli stranieri che si trovano nel territorio di Borgo S. Dalmazzo e dei comuni vicini devono presentarsi al Comando Germanico in Borgo S. Dalmazzo, CASERMA DEGLI ALPINI.
Trascorso tale termine gli stranieri che non si saranno presentati verranno immediatamente fucilati. La stessa pena toccherà a coloro nelle cui abitazioni detti stranieri saranno trovati.
Borgo S. Dalmazzo, 18 settembre 1943.

IL COMANDANTE GERMANICO DELLE S.S.
Capitano Müller

Cristina osserva la reazione di Kappa, che abbassa gli occhi, come se fosse colpa sua. Francesco è percorso da una sensazione che non riuscirebbe a descrivere: una specie di nostalgia, per delle persone che non conoscerà mai.

7.
(Fra – Kappa)

"A certe cose ci si può anche abituare, quando sei in fuga da anni, quando è la quinta o sesta volta che cerchi di rifarti una vita, e sei nel tuo quarantesimo anno di età. Tenendosi per mano nella ripida discesa del colle Ciriegia o del colle delle Finestre, Ernestyna e Isaak avranno forse pensato a questo." Francesco non è sicuro di volerlo sentire, come va a finire la storia di Ernestyna e Isaak, passati nel posto sbagliato nel momento sbagliato, vissuti in questo mondo nel momento sbagliato.

"Chissà se immaginavano, quella prima volta che avevano cercato rifugio in Italia unendosi al flusso dei finti turisti, che quattro anni dopo – con i nazisti alle spalle e ancora una volta l'ignoto quaggiù, a valle – sarebbero tornati indietro. Chissà se immaginavano, tenendosi per mano o cercando di non perdersi di vista nella massa di uomini e donne curvi sulla loro fatica, che questo sarebbe stato il loro ultimo viaggio da persone libere. Dei circa settecento ebrei in fuga che scesero nelle valli Gesso attraverso il colle delle Finestre e il colle Ciriegia nei giorni successivi all'armistizio del settembre 1943, trecentocinquantasette vennero internati nel campo a pochi passi da qui e poi deportati ad Auschwitz con due diversi trasporti. Isaak ed Ernestyna, insieme ad altre trecentoventinove persone, partirono il 21 novembre del 1943. Questo Memoriale della Deportazione, qui a Borgo San Dalmazzo, li ricorda."

"Ma," balbetta Francesco, "ma la gente?"

"La metà di loro," prosegue Cristina, "riuscì a salvarsi proprio grazie all'aiuto della popolazione locale: molte porte si aprirono, nonostante le minacce dei nazisti. Per esempio a Valdieri, il piccolo centro che sta a un'oretta da qui, ai piedi delle montagne, e che era tappezzato da questi manifesti, tutti i fuggitivi trovarono sistemazione, anche solo per una notte. E pure nel vicino paese di Entracque, e in tutta la zona, l'accoglienza fu così gentile da farci pensare che gli abitanti di quei paesi li stessero aspettando," dice commossa, continuando a tenere in mano la riproduzione del manifesto. "E questo è il lato meraviglioso di una storia che rimane terribile."

Poi, forse perché sente anche lei che la sua voce si è rotta, in qualche modo, Cristina li porta a vedere un cartello, poco più in là, che racconta in quattro righe essenziali questa storia. E che finisce così, riferendosi al Memoriale: "Quei segni di silenzio e di assenza ti diranno quanto male può provocare l'uomo, quando accetta che i diritti di un altro siano inferiori ai suoi".

Francesco e Kappa rimangono con lo sguardo in su, aspettando solo il momento in cui potranno sedersi per un'ora, a guardare le montagne – in silenzio.

Arms to the ground
Far from the rivers [...]
Somebody heal me from my pain

Hands to the sky – hands to the sky
I am a dreamer – I am a dreamer [...]
Somebody free me from my chains – free me
From my chains

[M83 feat. HAIM, *Holes in the Sky*]

8.
(Ab)

"Tu qui non ci devi stare."

Non erano neanche arrivati al treno, Ab e il suo nuovo amico, che ora è schiacciato contro la ringhiera della banchina, con due alpini che guardano, le mani dietro la schiena, una poliziotta che annuisce divertita e quest'altro poliziotto che lo spintona, mentre lui cerca di parlare.

"Non me ne frega un cazzo! Esci fuori dalla stazione." Ab non sta dicendo niente e tiene la testa bassa a guardarsi la punta delle scarpe, mentre il suo compagno di viaggio bofonchia qualcosa e il poliziotto lo spinge contro la ringhiera – non con violenza, ma con molta decisione.

"Vai al tuo paese, va'."

Ab prende sottobraccio il ragazzo bofonchiando in arabo qualcosa che gli uomini e la donna in divisa non capiscono, e i due si avviano nel sottopassaggio, seguiti dagli sguardi inferociti di quelli, che rimangono su.

"Fuori dalle palle!" sente ancora gridare in italiano.

I due ragazzi escono, in silenzio.

"Sai cosa mi ha raccontato una ragazza che fa la volontaria alla chiesa, là dove stanno le donne e i bambini?" dice il ragazzo ad Ab, scendendo la gradinata della stazione, per tornare verso il bar. Ab fa cenno di no con la testa, mentre tira fuori il cellulare per mandare un messaggio a Céline – la realtà è che sperava di scriverle dalla Francia.

"Cosa?" chiede, un po' distratto.

"Che non tanto tempo fa, al nostro posto c'erano degli italiani."

9.
(Ab)

A piedi sono nove chilometri, per arrivare alla frontiera.

Il ragazzo gli aveva detto che riprovare a salire sul treno era fuori discussione, avrebbero potuto farlo l'indomani, ma potevano comunque percorrere la linea ferroviaria. Li avevano fatti in silenzio, tutti quei chilometri, finché sopra le loro teste il giorno non aveva lasciato spazio alla notte. A un certo punto, nel buio, il ragazzo era caduto in una scarpata. Sei metri sotto di loro, lì al valico, c'era il giardino di una villa, e lui c'era finito dentro. L'ultimo rumore che Ab aveva sentito era quello che un corpo agitato fa andando a sbattere contro degli arbusti – poi delle urla avevano coperto il gemito, e Ab aveva appena fatto in tempo a nascondersi dietro un albero.

Ab aveva pensato a quello che c'era scritto sulla guida – "se tenti di attraversare la frontiera salendo sul tetto di un treno corri il rischio di morire folgorato", "se attraversi le gallerie e i binari dei treni rischi di essere investito" – e che avrebbe potuto dirglielo, ecco. Forse non sarebbe servito a niente, ma almeno non avrebbe questo senso di angoscia, ora, mentre tenta di non farsi beccare dalla pattuglia che senza vederlo gli è passata davanti, per andare a recuperare sotto la linea ferrata il corpo del suo amico – si muove, è ancora vivo.

Come ultima cosa, camminando spedito fra le traversine della ferrovia verso il punto da cui erano partiti, si ritrova a pensare che non sa neanche il nome, del suo compagno di viaggio che diceva che si arriva dappertutto, passo dopo passo. Se si potesse entrare nella testa di Ab per davvero, se si potessero afferrare i suoi pensieri mentre rientra nel centro di Ventimiglia, sfinito, forse si sentirebbe questo pensiero che rimbalza. È come se quel ragazzo fosse un'ombra, partita e non tornata, né arrivata – passata e andata via.

Deve trovare il modo di scappare, da questa gabbia.

10.
(Fra – Kappa)

I primi clandestini che ho visto passare arrivavano a gruppi di tre o quattro, con una bisaccia sulle spalle. Scendevano in stazione e se ne andavano a piedi al di là della frontiera perché la Francia aveva bisogno di "braccia" per costruire o ricostruire case, ponti, per l'industria idroelettrica, per l'agricoltura. Erano piegati sulla loro fatica, andavano a fare i muratori, i tagliatori di pietra, i minatori, i taglialegna, i posatori di cavi elettrici. Io ero solo un bambino, anche se all'epoca non era come adesso: a otto-nove anni stavo via anche tutto il giorno, mi facevo delle gran camminate da solo, in montagna, lungo la riva del torrente o seguendo la ferrovia.

Francesco e Kappa sono sdraiati su un telo fuori dalla tenda, con due di quelle torce che si legano sulla testa e che, insieme, creano uno strano gioco di luci sul plico di fogli a righe. La grafia di nonno Dodo è elegante, sicura. Mentre Francesco legge ad alta voce, Kappa ogni tanto sfiora qualche parola con i polpastrelli. Come a voler catturare quell'arte antica dello scrivere che lui in qualche modo tiene in vita nell'era digitale, con le sue lettere giganti e colorate sui palazzi della grande città e sui muri che rasentano la ferrovia, a pochi passi dall'autostrada. A centinaia di chilometri da qui, a valle.

Erano stati un po' a guardare le montagne, senza bisogno di dire niente. Poi, prima di andare via da Borgo San Dalmazzo, Kappa si era fatto un'altra fiancata del regionale: aveva scritto WOW, un gigantesco WOW, forse per via di quel paesaggio con le case in muratura che ogni tanto appaiono lungo la strada ferrata, con la ghiaia e gli edifici bianchi delle stazioni che sembrano incastrati tra la montagna, il verde della vegetazione e tutta quell'acqua che scorre loro intorno. Avevano camminato un po', poi si erano accampati qua, nella strada tra le fortificazioni dove Francesco veniva a far volare gli aquiloni con nonno Dodo, dieci anni fa, o forse più. Com'è fatta la frontiera, qui? Sembra che non ci sia, o almeno a loro nessuno aveva chiesto niente: un'ora o poco più di cammino più tardi, quando aveva iniziato a fare buio, avevano piazzato la tenda in un punto relativamente in piano, a poche decine di metri da un forte. Senza neanche rendersene conto, erano passati in Francia: lo avevano capito dal cambio di operatore sugli schermi dei loro cellulari. Erano andati offline, per rimanere soli con il vino e il rumore dei grilli o delle cavallette o chissà che ***** di rumore era, e le parole del nonno.

"Gira la pagina, Fra, dai."
"Sì, scusa, mi ero incantato."
"No, scusa tu."

I due ragazzi scoppiano a ridere – è un tormentone ricorrente, quello dello Scusa-No-Scusa-Tu – e ricominciano a leggere. Il sonno inizia ad affacciarsi tra le parole e i silenzi, la bottiglia di vino rosso di quelle con il tappo che si svita è in equilibrio precario, sfiorata dal fascio di luce delle torce.

Francesco non ci aveva pensato due volte: quella indicazione sulla busta (*Per Franceschino – Riservata personale*) non voleva certamente escludere Kappa dalla lettura. Perché tanto gliel'avrebbe raccontata comunque. O probabilmente Kappa avrebbe capito lo stesso cosa c'era scritto, solo a guardarlo in faccia.

Mio papà Luigi, il tuo bisnonno, era il capostazione di un piccolo comune dell'alta Val di Susa. Avevamo un orologio a cucù che mi faceva impazzire e in più lui aveva il suo orologio "da capostazione", di cui andava molto fiero. Uno dei primi ricordi nitidi che ho di lui è mentre scuote la testa e si rigira l'orologio tra le mani, con i gomiti appoggiati sul tavolaccio di legno che usavamo per cena, perché non ci capiva più niente di tutto quel viavai di gente. Diceva sempre "Perché non si danno una regolata?", e poi ripeteva tre o quattro volte la parola "Perché" con quella "r" alla francese che avrei riconosciuto anche in mezzo a mille papà.

La seconda guerra mondiale era finita da poco e io non capivo ancora molto di quanto stava accadendo: la verità è che la Francia apriva e chiudeva di continuo le frontiere ma, anche quando era più disposta ad accogliere, c'erano comunque i carabinieri e la polizia italiana che avrebbero potuto fermare i clandestini italiani. Erano diventati ben presto migliaia, sempre meno uomini. Spesso a viaggiare erano le donne, che insieme ai loro bambini volevano raggiungere i capifamiglia oltre le Alpi. Ogni tanto le vedevo: arrivavano con i piccoli nei fagotti o (se erano più grandicelli) per mano e le valigie legate con lo spago e aspettavano la sera per incamminarsi verso la montagna. Avrebbero dovuto muovere la mia compassione, ma guardandole pensavo più che altro al male che avevo io ai piedi per aver saltellato dalla mattina al tramonto sulle sponde del torrente a piedi nudi, sulle pietre aguzze.

È stato in quei lunghi pomeriggi in riva al fiume che ho imparato a costruire le gabbie per catturare le mosche, sai? La sera dovevo tornare a casa prima che facesse buio, e solo anni dopo ho capito che avrei potuto fare la stessa cosa anche con le lucciole. Ti ricordi?

Da un buco nero della memoria di Francesco riemergono le sue gambette paffute e le piccole pedule ancora pulite, mentre zampettava dietro alle gambe arrossate dal sole di nonno Dodo cercando di stare dietro alla scia della sua pipa, con la canna da pesca appoggiata sulla spalla, per andare ad aspettare le trote che si nascondevano nell'acqua gelida, giù, al torrente. Per ogni passo del nonno, doveva farne almeno due.

Sono trascorsi tanti anni da quando passavi tutta l'estate con me, lassù. Sei diventato grande, oramai, per questo credo che tu possa capire la ragione per cui ho deciso di scriverti questa lunga lettera da aprire, come succede nei romanzi o nei film, solo adesso. Ti ho raccontato molte storie della "mia" frontiera, di quella lunga linea che in un modo o nell'altro è stata il centro della mia vita. Come cantavamo al nostro "vecchio scarpone", forse saprei, "se volesse il destino, camminare ancor". Fino a qualche mese fa avrei ancora potuto, almeno. Ma è giusto che lo faccia tu, ora che me ne sono andato. È un po' come a tavola, è il nostro "boccone della fine", sperando che poi ti rimanga la curiosità di andare sempre a vedere oltre l'apparenza delle cose. Perché non ti ho raccontato la storia più importante, non ne ho mai avuto la forza. Che tu sia da solo oppure (come immagino) con il tuo amico Kappa, vorrei che mi aiutassi a farlo. Vorrei che tu capissi che quel confine, che per voi oramai è solo una linea immaginaria, poteva stringersi intorno a te, come una porta che si chiude. E non si riapre più.

Am I reaching you?
We're growing, we're growing,
We're growing, so very fast

Are you reaching me?
With everyone, everyone, everyone,
As their own broadcast

[Parlour Steps, *What the Lonely Say*]

La sala d'attesa – Level 2

0.
(Ab)

Ne aveva contati cinque, di ragazzi che come lui erano riusciti a saltarci su all'ultimo. Si muovevano come delle ombre, come se fossero nati già facendo questo, come se nascondersi sui treni fosse la loro specialità da sempre. In fondo sembrava la soluzione meno rischiosa, fra tutte.

Negli ultimi mesi ne erano morti sette, gli avevano detto quando si era affacciato sul piazzale della chiesa per cercare del cibo dopo aver dormito qualche ora in uno dei Buchi, e aveva raccontato dell'incidente accaduto al ragazzo senza nome. Mentre provava a sistemare nei suoi pensieri le parole del giovane mediatore nordafricano che gli aveva dato la mano e poi se l'era portata sul cuore come si fa giù, al di là del mare, Ab cercava di non piangere. "Muoiono sfracellati ai piedi dei piloni dell'autostrada, travolti dai tir o dai treni nelle gallerie ferroviarie, oppure folgorati sul tetto dei vagoni," diceva il mediatore. "Sono tutti giovani tipo te, e sono come fantasmi: spesso non sappiamo neanche i loro nomi," aveva aggiunto. "Quel ragazzo ha avuto molta fortuna, ci hanno detto dall'ospedale che è ancora vivo. Oggi pomeriggio cerco di passare e te lo saluto, se vuoi."

Ab aveva annuito tirando su con il naso, poi era tornato nei pressi della stazione.

A Céline aveva solo detto che non era riuscito a passare, lei gli aveva scritto che sarebbe potuta partire entro sera, che i suoi l'avrebbero lasciata sola per il weekend e non se ne sarebbero accorti fino a domenica. Aveva recuperato un motorino e in tre ore poteva arrivare a Mentone, sul lato francese della frontiera. Gli aveva scritto di lasciar perdere il lungomare, però, di non fare la strada dei Balzi Rossi a piedi perché aveva visto questo video online girato da un giornalista italiano. Nel video i gendarmi francesi respingono in Italia un gruppo di ragazzi come Ab, e fin lì sembra che vada tutto bene, ma poi un poliziotto italiano in borghese con i jeans e una polo viola, rasato e che cammina a gambe divaricate come se fosse il Grande Controllore di Sto*****, urla a quel gruppo di ragazzi parole come "Bastardi", "Pezzi di merda" e "Andate a fare in culo", mentre loro stanno tra gli scogli del lungomare. Le urla forte, con rabbia, gli aveva scritto Céline, perché lui non aveva trovato una rete a cui attaccarsi per vedere il video. E i poliziotti italiani hanno i caschi e i manganelli, gli aveva detto lei, e sono minacciosi e poi riportano sulla strada quei ragazzi a forza dicendo:

"Qui comando io, non te. Qui siamo a casa mia".

Céline aveva scritto ad Ab che aveva paura, e di provare a nascondersi in un treno, come le aveva detto lui che fanno tutti, che magari sarebbe andata a buon fine. Era l'ultima frase che Ab aveva potuto vedere sullo schermo del cellulare con la batteria al nove per cento. Perché i francesi li avevano scoperti, appena oltre il confine, e li avevano rimandati indietro come dei pacchi postali. La polizia italiana e gli alpini allora li avevano rinchiusi insieme ad altri come loro nella sala d'attesa della stazione di Ventimiglia. Erano volate un paio di sberle, a qualcuno avevano lasciato i cellulari, ad altri no – Ab non aveva avuto indietro il suo. Ed era ancora lì, seduto ad aspettare chissà cosa con le braccia intorno alle ginocchia e le scarpe che oramai erano più grigie che bianche e le gambe che pretendevano un letto, o anche solo un materasso, per riposare un po'.

"Ti aspetto sveglia, amore mio," gli aveva scritto lei.

Anche se aveva avuto questa sfiga del telefono, Ab si era reso conto di essere stato, in fondo, fortunato. Era tra i pochi che non avevano caricato su uno di quei pullman bianchi con le stellette gialle sopra, con tutto intorno poliziotti in tenuta antisommossa, per essere rimandati lontano, nel Sud Italia.

Noi siamo un grande paese, una grande democrazia che accoglie, ma l'accoglienza la facciamo dove diciamo noi. Non possono essere i migranti a scegliere dove andare, perché altrimenti nasce un problema gravissimo con la Francia. Continueremo a lavorare per non fare arrivare i migranti a Ventimiglia e per far sì che quelli che sono lì vengano trasferiti, con tutte le cautele e con il massimo dell'assistenza, in altri centri di accoglienza, perché non possono essere i migranti a scegliere i luoghi nei quali vengono accolti.

Dobbiamo affermare il principio che più vengono al Nord tentando di passare la frontiera, più li rimandiamo a sud, e che quindi l'idea di stazionare qui per attraversare la frontiera è un'idea sbagliata.

[Angelino Alfano, ministro dell'Interno, Italia, giugno 2016]

1.
(Fra – Kappa)

Quando avevo nove anni, papà venne trasferito e noi andammo con lui. Eravamo più a sud – ma sempre a ridosso delle montagne – di quel Colle di Tenda dove ti ho portato poi tante volte, quando eri bambino. Anche lì avevo il mio fiume, il Roja, e anche lì mi facevo grandi passeggiate, ma più crescevo e più papà mi chiedeva di dargli una mano in stazione o mi portava sul treno con lui. Il paese era ancora in Italia, ma in quel momento stava diventando francese con il trattato del 1947, che chiudeva la seconda guerra mondiale, e papà venne di nuovo trasferito a pochi chilometri di distanza. La nostra vita sembrava intrecciata ai confini: nel dopoguerra la Francia voleva, per diverse ragioni, diversi territori tra cui la Valle Stretta da dove venivamo e la Valle della Roja, che era diventata casa nostra. Ti ricordi Breil, quel paese stupendo dove siamo stati insieme e abbiamo fatto il bagno nell'acqua gelida con Bronte III? Ecco, quello è il fiume Roja, che finisce in mare a Ventimiglia.

L'acqua era gelata da far male alle dita, nonno Dodo rideva tenendosi i piedi ghiacciati perché Francesco aveva lanciato un ramo a Bronte Terzo, il cane che era un po' vecchio e rimbecillito e non si ricordava mai della corrente. E allora nonno Dodo aveva camminato nel fiume saltellando e l'aveva ripreso mentre Bronte Terzo guaiva e Francesco rimaneva sull'attenti in quella specie di ghiaccio liquido contando per quanti secondi riusciva a resistere. Poi erano andati nella pozza che prendeva il sole quasi tutto il giorno e per questo era meno gelida e Francesco si era tuffato dalla roccia a forma di sedere. Il nonno lo aveva avvolto in un asciugamano ruvido come neanche la cartavetro, e intanto ne aveva approfittato per abbracciarlo e poi si erano accesi la pipa (usavano il plurale perché Francesco era l'Addetto-ai-Fiammiferi) guardando le rocce intorno a loro. Ogni volta che chiamava il cane – quando diceva Bronte, prima di dire Terzo – il nonno sospirava, o almeno così pareva a Francesco: gli sembrava che il nome Bronte fosse sempre accompagnato da un sospiro.

Un calcio affettuoso sul gomito riporta Francesco al Colle di Tenda, al silenzio intorno al forte e al presente: anche Kappa, le mani dietro la nuca, si è sdraiato a testa in su a guardare le stelle che in città ne vedi un centesimo, e lo invita a suo modo a riprendere la lettura.

Vedevamo le stesse scene della Val di Susa: gli italiani che cercavano di passare clandestinamente la frontiera erano più dei funghi con cui riempivo interi cesti con grande orgoglio, infinitamente più delle trote che mio padre portava a casa la domenica e che si vedevano luccicare nei torrenti. Erano a centinaia di migliaia i viaggiatori che in quegli anni passavano al di là, spesso ripercorrendo gli stessi tragitti che i loro connazionali avevano affrontato vent'anni prima, quando la polizia francese e quella italiana li trovavano ovunque: sui vari passi percorribili a piedi, sugli autobus di linea, nascosti nelle stazioni in attesa di saltare sui treni, sulla vedetta delle carrozze per poter azionare il freno d'emergenza. Oggi forse possono sembrare storie avventurose, ma per noi erano dei volti scavati nel sole e nel vento, dello spago consunto che teneva insieme le loro valigie, degli accenti che non avevamo mai sentito e che giorno dopo giorno diventavano più familiari. Per noi gli anni passavano, simili gli uni agli altri, e anche mio padre non scuoteva quasi più la testa. Per noi, almeno per me, erano poco più che delle ombre, fino a quel giorno.

Non ho mai dimenticato il momento in cui l'ho incontrata. Facevo l'alpino vicino a casa ed ero in licenza: volevo fare una sorpresa a mio padre che non vedevo da tempo. Ero seduto nella sala d'attesa della stazione, con il cappello sulle ginocchia, assorto nei miei pensieri. A un certo punto ho alzato gli occhi e ho visto questa ragazza di due o tre anni più giovane di me, china su una mappa antica, di quelle che oggi si trovano forse ai mercatini delle pulci. Non so che strada avesse fatto per arrivare lì: non me l'ha mai detto. Aveva le scarpe basse e un impermeabile scuro, i capelli legati in una treccia e gli occhi neri persi tra le montagne disegnate sulla mappa, e che io conoscevo bene. Era uno di quei giorni in cui il vento che ti si infila sotto il colletto annuncia già l'inverno, avevo ripassato le lamine degli sci a casa di mio padre ed ero entrato nella sala d'attesa perché ero vestito ancora leggero e il fabbricato bianco della stazione non mi proteggeva abbastanza dal freddo che veniva dalle montagne, lì dietro. Te lo scrivo perché mi sono sempre chiesto come sarebbe stata la mia vita se quel giorno non fossi entrato in quella sala d'attesa.

2.
(Fra – Kappa)

Kappa sta borbottando da qualche minuto, Francesco inizia a sentire il sudore sotto i quattro strati che ha ancora indosso dalla notte – giaccone, maglione, felpa, maglietta – e si ferma un attimo, anche perché Kappa non noti il groppo alla gola che ha dal momento del risveglio – è che il suo amico nota anche le cose che non si vedono, di solito. Francesco ha scritto a Martina e poi il telefono, a un certo punto, ha smesso di prendere, e lui ha visto che lei ha visualizzato ma ancora non risponde e si sente fragile e quelle cose lì che si sa non si dicono, dai. Forse diventare grande è anche questo: rendersi conto di non essere unico al mondo ma di dipendere da qualcuno, da chi ami e da chi ti ama, che molto spesso è una roba che coincide, o almeno dovrebbe essere così, ecco.

"Fra, ti manca Marti, vero?"
"Ma no, è che..."
"...guarda che ci sta, cioè, si vede che siete presi."
"Un po' sì, un po'. Ma sono contento che siamo qua, fratello."

Folate di vento che sembrano voci venute da lontano li accompagnano, la strada sterrata continua a salire, con gli arbusti e le marmotte a fare la guardia. I versi che sentono sono una lingua straniera, per loro, ragazzi di città. Sono partiti la mattina presto, dopo essere collassati a metà della lettera del nonno: Kappa con le mani dietro la nuca, a guardare il cielo, e Francesco con la guancia schiacciata sul foglio, gli scarponcini slacciati e i piedi appena dentro la tenda. Che non è servita a niente, nonostante il freddo. Sono stati svegliati dalle cavallette sul naso e sulle braccia, e da un remoto suono di campane, di quelle che stanno al collo delle mucche o delle capre. Il senso di mancanza è arrivato poi al risveglio, in quel momento in cui nei film la gente sbadiglia, ma Francesco ha sempre pensato che non ha senso, perché avete mai visto qualcuno che sbadiglia appena sveglio? La mancanza di lei, quella voglia di averla intorno, aveva lanciato Francesco nel labirinto della sua memoria fino a scovare la matrice della nostalgia, la prima volta che aveva dormito fuori città senza i suoi: avrà avuto sei anni e intorno a lui erano tutti più grandi e lui voleva la mamma, la Suprema Controllora, proprio lei. Da non crederci. Comunque questa cosa di Martina glielo sta ricordando da più di mezz'ora, e allora per scacciare via l'impasto di infanzia e adolescenza, Francesco si rivolge al borbottio di Kappa.

"Che stavamo dicendo, prima?"
"Eh?" Kappa si gira di scatto che sembra calato da un altro pianeta.
"Cosa stavamo dicendo, prima?"
"...e chi se lo ricorda, Fra, sarà stato mille anni fa."
"Dai, prima di iniziare a salire stavamo parlando."
"..."
"..."
"Ma quando eravamo in Francia o quando eravamo in Italia, bro?"
"******** che sei."

Il fatto è che prima di ripartire erano tornati un po' indietro perché volevano fare 'sta cagata di entrare e uscire dall'Italia con un salto, e facevano "Sono in Italia!", hop, "Sono in Francia!", hop, e viceversa e, anche se erano rintronati dalla dormita al freddo e se Kappa aveva ancora il formicolio alle mani, e sulla faccia di Francesco c'erano i segni del foglio stropicciato che sembrava una scacchiera riuscita male, si erano scassati dal ridere, prima di ripartire.

"Comunque, ti racconto una roba. Sai che da 'ste parti venivo con nonno Dodo a fare l'alba? Era figo, sul serio."
"Tipo che non dormivate?"

"Io un po' sì, lui no di sicuro. Quando mi svegliavo era nella stessa posizione, ma tipo identica. Come una sfinge, ma con la pipa."

"Grande, nonno Dodo. Uno di noi."

Il nonno per farlo dormire – o forse no, in realtà – gli leggeva dei brani di quel libro che Kappa aveva portato nello zaino, *Il deserto dei tartari*, in cui c'è questo militare che va ai confini settentrionali di un paese immaginario per controllare che non arrivino i nemici che però non ci sono mai, e lui sta lì a fare non si capisce cosa. Gli aveva raccontato che tutte le fortificazioni lì, di fatto, non erano mai servite a niente, che da fine Ottocento in avanti erano state un po' come quella in cui sta il protagonista del libro, e che alla fine erano diventate una meta per le passeggiate di chi voleva farsi un bel weekend in montagna, mezze abbandonate e con l'erba che si mangiava le mura perché la natura vince sempre, o almeno non si dà per vinta mai.

Uno di noi, e Dodo è uno di noi, uno di nooooooooi,
e Dodo è uno di noooi.

Kappa alza le braccia come fosse allo stadio, si sente l'eco tutto intorno. Francesco sorride per quanto è cretino e quanto gli vuole bene, ma gli piazza una manata sulla fronte e l'altro per poco non va giù nella scarpata. E allora fanno finta di menarsi ma poi a Francesco torna la fitta al ginocchio dell'ultimo allenamento e dice Fermo-fermo-mi-arrendo a Kappa e a quel punto sono sudati marci perché il sole è di colpo già alto. Si fermano, bevono un sorso e si siedono su due rocce quasi piatte e tolgono giacca e felpa e Kappa infila la testa nel suo cappellino nero con l'immagine del dito medio sopra, poi ripartono, anche se Francesco fa molta più fatica, ora. Di fronte a loro c'è un forte dalla pianta a pentagono: ci girano un po' intorno e ne vedono un terzo, che invece è quasi quadrato, laggiù oltre un gregge di pecore e prima di quella parete ricoperta di foresta.

"Siete fortunati: si vede la Svizzera. Credo."

Kappa fa un passo indietro e sbatte con il tallone su una pietra e, di nuovo, per poco non vola giù. Il pastore che ha parlato ha un cappello verde, una camicia a quadrettoni rossi e i pantaloni di fustagno chiaro – avesse le gambe al posto del busto sembrerebbe una vecchia bandiera italiana rattoppata. Ai suoi piedi, un bastone e un cane del colore della cenere. Sorride nella barba grigia, sta indicando alla sua destra, oltre il bastone e il cane, con il braccio teso. Francesco studia la reazione di Kappa con la mano sul tallone e lo sguardo a dire Ma ci sta prendendo per il culo?, e osserva quella specie di serpente disegnato dalla cresta delle montagne, che più si allontanano verso l'orizzonte e più sono innevate.

"Ma è lontanissima, no?" azzarda Kappa.

"Vicino, lontano. Passo dopo passo si arriva dappertutto, se la salute ce lo concede."

"Inshallah," risponde Kappa facendo un mezzo inchino, dopo un attimo di esitazione. È un'espressione che vuol dire "Se Dio vuole" in arabo, gliel'ha insegnata un suo ex compagno di scuola marocchino e Kappa ultimamente la usa di continuo – dice che si può infilare in quasi tutti i discorsi.

"Voi sembrate in buona salute, effettivamente," ridacchia l'uomo sotto la barba. Francesco non riesce a capire se parla italiano con l'accento di un francese o se il tempo passato a cavallo del confine ha dato alla sua lingua nativa questa strana cadenza, con le "r" arrotate e l'accento che scivola alla fine delle parole. Il pastore guarda Kappa come a non capire, a scoppio ritardato, il suo "Inshallah", poi prosegue.

"I ciclisti, quando arrivano qui, si lamentano sempre delle

auto e delle moto, sapete? Effettivamente si viveva bene anche prima di tutto quel bordello di rumori, poi qua intorno le strade sono tutte curve e pochi rettilinei... un po' come la vita. Però, quando finisce l'asfalto e le strade si fanno più strette, hai solo la bici o le tue zampe."

"E vanno fin lassù?" chiede Kappa, con un gesto largo che potrebbe indicare una mulattiera, la cima della montagna o l'intero universo.

"Una volta, alcuni anni fa, ne è arrivato uno che teneva la bici sulle spalle in una maniera strana, come se fosse una pecora da riportare nel gregge. Credo che ci parlasse pure, se devo essere sincero. Mi ha chiesto dove fosse la Francia, e io gli ho detto che c'era dentro in pieno, che l'Italia stava di là e la Francia stava di qua. Ma in verità voleva sapere dove trovare la discesa più ripida, perché lui faceva soprattutto le discese, con la bici sulle spalle. Diceva che la vita è come una sfida, e che ogni volta hai almeno due opzioni: quella facile e scontata che ti tiene le chiappe al caldo o quella difficile, e devi saper scegliere. 'Puoi anche scegliere di non scegliere, e buttarla via,' gli ho detto io per ridere. Lui mi ha guardato, serissimo, e ha detto: 'Il signore ha ragione'. Credo che parlasse alla bici. Comunque, l'ha lasciata per terra ed è ripartito a piedi, correndo come un centometrista."

Il pastore fruga un po' nei pantaloni di fustagno, trova un accendino, dopo un paio di tentativi inspira il fumo del mozzicone che aveva sempre tenuto tra le dita, e con un cenno del capo se ne va verso le sue pecore, seguito dal cane color cenere. Kappa e Francesco si guardano straniti, e riprendono a camminare intorno al forte.

"Chi erano, gli oracoli, quelli che rispondevano sempre a caso, che alla fine non si capiva mai una ****?" chiede Francesco, aggiustandosi lo zaino sulle spalle e massaggiandosi il ginocchio.

"Sì, gli oracoli, credo," risponde Kappa, sbalordito. "...Ma che ce l'ha raccontato a fare?" dice poi a Francesco. E i due amici – dopo aver percorso delle pietraie fino a un laghetto, ed essere tornati indietro – rimangono imbambolati a guardare il fossato mezzo in rovina e un ponte di pietra che dovrebbe servire a portare dentro la fortificazione, ma che invece sta irrimediabilmente franando.

Ehi, Vince, la conosci la storia del tizio che cade da un palazzo di cinquanta piani? E a ogni piano per farsi coraggio si ripete "Fino a qui tutto bene, fino a qui tutto bene, fino a qui tutto bene"? [...] Ma il problema non è la caduta: è l'atterraggio.

[da *L'Odio*, di Mathieu Kassovitz, Francia 1995]

3.
(Ab)

Non è facile dare il giusto peso a quello che dicono. In tanti, come lui, parlano arabo e francese, per cui non è che Ab non li capisca. È più che gli sembra una tragica presa per il culo, con centinaia di persone ammassate a sprecare le loro energie mentali e settimane o mesi a ingegnarsi per trovare il modo di passare. La stazione è più controllata di un aeroporto, il lungomare ora è impraticabile, la via ferrata è pericolosa, e Ab non ha soldi per provare a pagare qualcuno che lo porti in macchina, anche se dicono che è pieno di checkpoint, e che se paghi un *passeur* non è certo che tu ce la possa fare. Lo dicono gli italiani e i francesi, quelli non in divisa: ce ne sono a decine che vanno e vengono dai punti in cui sono raccolti loro, che fanno da mangiare, portano vestiti, che cercano di dare una mano, di aiutarli a pensare al giorno dopo, a una qualche forma pur sbiadita di futuro. Ab pensa che sia meglio stare alla larga dalle divise, punto, non importa che tu sia tunisino o sudanese o eritreo o somalo o afghano o siriano, e domani chissà a chi toccherà. Poliziotti italiani, gendarmi francesi, alpini – il loro compito lì è di rimbalzarsi i migranti all'infinito, di allontanarli una, due, cento volte, sapendo che torneranno. E mentre i loro coetanei europei crescono, loro sembra che invecchino, a furia di cercare il momento giusto per passare, un po' d'ombra sotto il ponte, un pasto dentro la chiesa, un'amicizia che potrebbe durare solo qualche giorno come una vita intera. O un posto nei container allestiti dalla Croce Rossa, dove si sta un po' meno scomodi, è vero, ma sei controllato molto più da vicino – dicono che prima di fare l'ennesimo tentativo, alcuni ti prestano il documento che ti permette di avere il posto lì, dove ti puoi anche fare una doccia. Dicono tante cose, per esempio dicono che hai qualche possibilità in più se tenti la via dei monti, che si srotolano per chilometri e chilometri e chilometri e arrivano fino alla Val di Susa, alla Svizzera, all'Austria, e poi chissà. Incominciano subito, le montagne, sopra le loro teste: a ridosso di Ventimiglia ci sono dei passaggi che ogni tanto qualcuno prova a raggiungere.

Dicono che ogni mese, lassù, muore qualcuno.

4.
(Ab)

Dicono che c'è un agricoltore francese, si chiama Cédric, che ha trasformato casa sua in un punto di raccolta per i ragazzi come Ab che vogliono bruciare la frontiera. Una signora somala, alla chiesa, gli ha fatto vedere una foto su un ritaglio di giornale: Cédric ha i capelli lunghi e spettinati e degli occhiali piccoli che nascondono il suo sguardo deciso, impertinente. In passato andava avanti e indietro con la macchina, poi con il furgone, diventando in fretta un riferimento per i migranti, nella valle del fiume Roja che si perde poi nel mare a Ventimiglia. Non voleva un centesimo, non voleva niente di niente. E quello che stava facendo, aiutato da altri come lui, non era passato inosservato. Erano cominciati i processi per favoreggiamento dell'immigrazione clandestina, si parlava – come se si fosse di nuovo negli anni trenta – di "reato di solidarietà". Tutte queste cose ad Ab non sono affatto chiare, lui sa solo che ha deciso di provare la via dei monti e che ci sono diversi passaggi praticabili. Sa che lui è fortunato, perché ha qualcuno che lo aspetta subito al di là. Mentre per molti altri il viaggio è ancora lungo, soprattutto per chi vuole arrivare in Inghilterra, c'è "la giungla" di Calais, a nord, dove finisce poi la Francia.

La signora somala gli aveva prestato il telefono e Ab era riuscito a parlare con Céline un minuto. Lei piangeva, diceva che non aveva chiuso occhio tutta la notte, che si era addormentata poi all'alba con il telefono stretto tra le dita e abbracciando il casco come se il casco fosse Ab o anche solo la speranza che ad Ab non succedesse niente. Parlava così veloce che Ab aveva dovuto dirle "Calma, amore mio" in un francese più morbido di quello di lei, e allora lei aveva iniziato a respirare lentamente e lui le aveva detto che provava a raggiungere Mentone passando da sopra. Che lo fanno in tanti, che si sarebbe fatto vivo lui, qualcuno gli avrebbe prestato un telefono, al di là – le aveva detto di stare tranquilla, che non c'è nessun pericolo, lassù.

5.
(Fra – Kappa)

La Svizzera, da sempre terra d'esilio. Un paese che nella sua storia ha accolto i perseguitati religiosi, gli esuli politici, le persone in fuga. Un paese che alla fine degli anni trenta si trova a dover fare i conti con il terremoto del nazismo. La storia che vi vogliamo raccontare si svolge nel cantone di San Gallo, dove passa il confine tra la Svizzera e l'Austria.

Kappa aveva detto a Francesco che voleva fumare una sigaretta e fare due foto su quella cima, che secondo lui era a dieci minuti o poco più di cammino, ma Francesco gli aveva risposto che lo avrebbe aspettato con gli zaini fuori dal forte: il maledetto ginocchio destro aveva ricominciato a fare di testa sua, come se avesse un coltellino conficcato nell'articolazione e cercasse di liberarsi. Questa non ci voleva, pensa Francesco con i fogli stampati tra le mani. La busta gialla che gli ha dato Gianluca aveva dentro un plico accompagnato da un appunto scritto a mano:

Caro Francesco,

non sapevo se avreste avuto accesso a internet, lassù.

E allora ho pensato che sarebbe potuta tornare utile la mania che abbiamo noi ragazzi e ragazze del secolo scorso di stampare ancora tutto, di scriverci lettere. Questo è un copione che mi è servito per un lavoro, l'anno scorso: racconta una storia che è avvenuta su un'altra frontiera, molto più in là. È un territorio pianeggiante, e a renderlo ostico ci può pensare solo la legge, non la natura. Credo che, per questo, possa servirvi, a te e a Kappa. Sai, penso che alla fine le frontiere si assomiglino tutte: c'è qualcuno che vuole passare, qualcuno che vuole impedirlo a ogni costo, qualcuno che si oppone, a volte, e qualcuno che si limita a fare il proprio dovere. Ok, ho scritto fin troppo, non voglio fare spoiling e mi fermo: buona lettura.

Vi abbraccio entrambi,

Gianlu

L'ultima cosa che Kappa aveva detto a Francesco prima di mollargli lo zaino tra i piedi e incamminarsi era stata "Ehi, non è che continui a leggere la lettera di nonno Dodo senza di me, vero?". Francesco aveva mimato un giuramento solenne, sdraiato per terra come un soldato morente, e aveva detto: "Apro la busta di Gianlu, però".

È il 1938, l'anno dell'Anschluss – l'annessione dell'Austria al Reich di Hitler. Nel progetto espansionistico nazista della "Grande Germania" non c'è spazio per le persone considerate "di razza ebraica". Molti ebrei austriaci iniziano a fuggire, cercando riparo nella vicina Svizzera.

Il 17 agosto, a Berna, si riuniscono i comandanti cantonali di polizia. Ci sono troppi rifugiati illegali, si dice, e saranno sempre di più; arriveranno anche dall'Italia, dove è appena stato pubblicato il "Manifesto della razza", e dove sono in cantiere le leggi razziali. Bisogna chiudere le frontiere, si dice.

Uno dei comandanti prende la parola. Ha esperienza sul campo, conosce le storie dei profughi in fuga che cercano riparo: "Non possiamo chiudere le frontiere," dice. "Sono delle scene che spezzano il cuore." Si chiama Paul Grüninger. È a capo della polizia del cantone che confina proprio con l'Austria appena annessa al Reich, il cantone di San Gallo. Ma le parole di Grüninger cadono nel vuoto: il Consiglio federale svizzero decide per il blocco del flusso migratorio. È il 19 agosto 1938. Al confine iniziano i respingimenti.

6.
(Fra – Kappa)

Le persone che trovano la frontiera sbarrata cercano protezione, hanno subito persecuzioni, hanno perso molto se non tutto quello che possedevano, hanno visto violenze e pogrom spaventosi scatenarsi contro di loro. A quel punto tornare indietro può significare la deportazione, il campo di concentramento, la morte. Perché la notte tra il 9 e il 10 novembre del '38, nella Grande Germania la persecuzione antiebraica è a una svolta. È la notte dei vetri rotti, la Kristallnacht. Da questo momento gli ebrei iniziano a finire massicciamente nei lager nazisti, e non più per una loro eventuale opposizione al regime, ma per il solo fatto di esistere. La Shoah non è ancora iniziata, ma oramai i presagi sono sempre più chiari e funesti. Sulle comunità ebraiche si stringe la morsa nazista.

A Francesco, d'un tratto, torna in mente quello che aveva raccontato la guida di Auschwitz, due anni prima, e cioè che nella Shoah forse l'alleato più potente di tutti, per i nazisti, era stata la speranza, che le fughe e le rivolte ci furono, è vero, ma non furono abbastanza perché all'epoca la gente non sapeva come sarebbe andata a finire – non sapeva che la persecuzione sistematica stava per iniziare. Erano pochi, in proporzione, gli ebrei perseguitati che avevano cercato la via della Svizzera: molti altri avevano semplicemente continuato a vivere giorno per giorno, sperando che la storia non prendesse la direzione che poi invece prese. "Alle persone che temono il peggio è sufficiente gettare un briciolo di speranza ogni tanto," aveva detto la guida rispondendo a una domanda di un suo compagno di viaggio. "Nelle situazioni di estremo pericolo la maggior parte delle persone perde la capacità di analizzare lucidamente la propria condizione," aveva aggiunto. "Le persone che sono minacciate e inconsciamente temono cosa succederà dopo tendono ad aggrapparsi febbrilmente a tutto e non riescono così a riconoscere il vero pericolo." La speranza, come la paura, può distorcere la percezione della realtà, pensa Francesco mentre gira il foglio.

Paul Grüninger, l'uomo che si era opposto alla chiusura delle frontiere, ha quarantasette anni. È un uomo comune, un ex maestro di scuola, un padre di famiglia, un calciatore – una buona ala sinistra – e un uomo che crede nella lealtà, nella giustizia.

Paul Grüninger crede nella legge, ma questa volta sceglie di disobbedire.

7.
(Fra – Kappa)

Alla domanda che avevano rivolto gli organizzatori del viaggio ad Auschwitz ai ragazzi, "Pensi che sia giusto disobbedire a una legge che ritieni ingiusta?", molti suoi compagni di viaggio avevano risposto di no.

Il comandante della polizia di San Gallo, preposto a controllare la frontiera e la sua impenetrabilità, diventa proprio la maglia larga di quella frontiera, l'anello che non tiene nella svolta restrittiva. Inizia a salvare decine, centinaia di persone in fuga dalle persecuzioni naziste. E per farlo inventa ogni tipo di espediente.

Il primo "trucco" è apparentemente semplice: cambiare data alle domande di ingresso, retrodatandole a quando la frontiera era ancora aperta. Un altro metodo escogitato da Grüninger è quello di citare in giudizio le persone che intendono passare la frontiera, spedendo loro un mandato di comparizione. Il comandante della polizia di San Gallo arriva a reclamare persino internati del campo di concentramento di Dachau.

E così via.

Paul Grüninger falsifica documenti, va lui stesso a prendere le persone dall'altra parte della frontiera, grazie alla sua rete mette al sicuro i pochi averi degli ebrei in transito, per evitare le confische ad opera degli uomini del Terzo Reich.

Francesco non riusciva a capire come si potesse anche solo pensare per un istante di rispondere no. Cioè, se ci pensi le leggi sono fatte dagli uomini, e se gli uomini che le fanno sono delle *****, perché mai dovresti obbedire? Certo, all'epoca a disobbedire si rischiava la vita, in Germania e in tutto il Terzo Reich che si espandeva di giorno in giorno, e questa è una roba che nessuno può immaginare, pensava Francesco. Però, per esempio, in Svizzera no. Cosa rischiava il comandante Grüninger, uscendo dalla legalità? Gianluca gli aveva fatto leggere questa frase di un grande scrittore italiano, Luca Rastello: "Può elevare a valore assoluto il metodo della legalità solo chi presuma di essere nella società ideale", così c'era scritto. "Solo se penso di essere al culmine della storia umana, se credo in un progresso costante e perfetto rispetto al quale mi trovo nell'ultimo stadio posso attribuire alla legalità un valore assoluto. Se le cose non stanno così, la legalità rimane un valore al di là dei condizionamenti di potere, allora ha ragione Adolf Eichmann, quando difendendosi a Gerusalemme afferma di essere il rappresentante di una legalità voluta e costruita dal popolo tedesco attraverso un processo di consenso democratico," diceva lo scrittore, parlando di quell'uomo che aveva organizzato le deportazioni che avevano mandato a morire milioni di persone, poi processato in Israele negli anni sessanta. Faceva il suo dovere, lui, nella legalità, mentre Paul Grüninger, a pochi chilometri di distanza, decideva di non farlo.

Francesco vorrebbe parlarne con Kappa, ma non è ancora nel suo campo visivo. In Svizzera le persecuzioni non c'erano, pensa Francesco, era solo un paese che aveva la sfiga di trovarsi a due passi dal cuore nero dell'Europa, e la gente in fuga provava in tutti modi a passare, anche se era vietato. Chi non lo farebbe, dai.

La notizia del comandante Grüninger che infrange la legge si sparge presto. Quell'uomo che va su e giù attraverso la frontiera con la sua auto – l'auto di servizio n. 3 – non passa inosservato. La gente sospetta. La stampa svizzera inizia a parlare di un "affare di falsificazione di passaporti" nel cantone San Gallo.

Il mattino del 3 aprile 1939 Paul Grüninger arriva al lavoro e scopre di essere stato sospeso dalle sue funzioni. "Ho agito per dei motivi onorabili. Come funzionario e come uomo." Grüninger si difende, ma le sue ragioni vanno controcorrente rispetto al flusso della storia, che sta precipitando vertiginosamente nel gorgo della guerra e nell'inferno della Shoah.

Il 12 maggio il Consiglio di Stato di San Gallo decide di trasformare la sospensione del comandante in licenziamento con effetto immediato. Grüninger è bandito dalla società. Perde il posto, subisce un processo. La famiglia deve lasciare la casa in cui vive. Sua figlia Ruth deve abbandonare le scuole commerciali di Losanna nelle quali stava studiando e cercare un impiego.

La sua memoria sarà a lungo dannata.

8.
(Fra – Kappa)

Almeno tremila persone sono state salvate da Paul Grüninger. Il comandante della polizia del cantone San Gallo, a pochi passi dal confine tra l'Austria e la Svizzera, ha messo da parte la sua divisa. E forse così ha evitato che gli si spezzasse il cuore. E alla fine, ma solo qualche decennio dopo, il suo nome è diventato qualcosa di cui andare fieri.

A lui oggi è intitolata una piccola piazza, in centro a San Gallo, lo stadio della città e anche un ponte, perché mentre intorno a lui si costruivano muri, Grüninger seppe dire di no, anche – da uomo di legge – a una legge che riteneva ingiusta.

Ci sono gli eroi che tutti conosciamo. E ci sono quelli che hanno agito nell'anonimato, quelli a lungo dimenticati, o messi da parte. Gli eroi senza gloria, che hanno pagato per il loro coraggio. Paul Grüninger è uno di loro. Oggi il suo nome è tra gli ulivi dello Yad Vashem, a Gerusalemme, nel giardino dei Giusti "che hanno rischiato la vita per aiutare gli ebrei".

Anche nonno Dodo lo diceva sempre: "Per fare la scelta giusta a volte bisogna essere coraggiosi, controcorrente, dei gran rompi*******, Franceschino. Qui ci va proprio una parolaccia, che rimanga tra noi". Diceva "che rimanga tra noi" strizzando l'occhio destro e portandosi la pipa alla bocca con fare misterioso, sollevando un po' il mento. Sono finiti, per Francesco, quei giorni in cui pensava che è tutto uno schifo e faceva fatica ad alzarsi la mattina perché aveva quella sensazione tra la pancia e il petto che lo teneva giù. Ma sono ancora in vista, alle sue spalle, e ogni tanto arriva una specie di nostalgia per il se stesso da grande, quell'adulto che potrebbe anche non diventare mai. Ecco, è come se potesse intravedere quanti bivi ci sono lì davanti e quante scelte bisognerà fare e avesse paura di sbagliare, o anche solo di essere distratto e niente, partire nella direzione sbagliata. Perché non è facile dire "Sai che c'è, andate tutti ********", alla fine gli altri esistono e guardano quello che facciamo, e ci giudicano. E Francesco torna su a ricercare quelle due frasi – quelle che dicono che Paul Grüninger ha pagato per il suo coraggio perdendo lavoro e reputazione e che per decenni in Svizzera ci si vergognava di lui – e a chiedersi quanto deve essere stata dura, quella scelta senza ritorno. Controcorrente, da vero rompi*******, come avrebbe detto nonno Dodo strizzando l'occhio, ma forse con quel sospiro che accompagnava sempre la seconda metà del nome di Bronte Terzo.

Quelli in cui l'Europa stava andando verso la guerra e lo sterminio erano proprio i mesi in cui – pensa Francesco – Ernestyna e Isaak dall'Austria avevano scelto di passare in Italia, e non in Svizzera, e poi erano arrivati a Ventimiglia, ed era pochi mesi prima che sbarcassero via mare vicino al porto di Mentone, in Francia. In quegli anni in cui il mondo era tutto alla rovescia, percorso da cacciatori di uomini e dominato da leggi ingiuste, in cui si chiudevano le frontiere e se avevi il coraggio di fare quello che andava fatto, be', eri condannato come minimo a una vita difficile, poi. Nel leggere la fine del racconto, a Francesco viene un groppo alla gola, al punto che si trova a rileggerla tre volte.

La figlia Ruth racconta che, nonostante tutte le difficoltà, suo padre non era mai triste.

E quando gli chiedevano se avrebbe di nuovo aiutato tutta quella gente contravvenendo agli ordini rispondeva sempre, senza esitazione: "Sì, lo rifarei".

Don't you forget your name
They might try to keep you
From the man you have been
So don't go that way
Don't go that way

[Blind Pilot, *The Story I Heard*]

9.
(Ab)

Dicono che c'è un signore con la barba bianca e gli occhiali di nome Enzo che ripulisce il sentiero, lassù. Dicono che basta seguire il nastro di plastica bianco e rosso legato agli alberi, per non perdersi. Perché quando la strada si biforca, hanno detto ad Ab, il rischio è di venire attratti dalle luci della città francese subito sotto, sul lungomare. E – cercando la via più breve – di rimanere bloccati tra gli alberi o di cadere giù, nel giardino di un signore francese che ha già raccolto molti cadaveri, negli ultimi anni. Chissà se è lo stesso in cui era caduto il suo amico, si chiede Ab.

La città che – come le sirene con Ulisse – ti attira verso il Passo della Morte è Mentone, dove forse Céline è già arrivata, a quest'ora. Con la luce del tramonto, il mare visto dall'alto è di una bellezza struggente: Ab si ferma un attimo, restando in piedi e appoggiando le mani sulle ginocchia, a guardare le insenature lontane che sbucano tra le rocce e la vegetazione e si inseguono per la costa come lettere dell'alfabeto arabo, chiedendosi dove potrebbe essere Céline, quale sarà il punto esatto in cui finisce l'Italia e inizia la Francia, e quand'è che gli uomini hanno iniziato a dire Qui-finiamo-noi-e-qui-iniziate-voi.

Nella prima parte del sentiero, prima che iniziasse a inerpicarsi, Ab aveva incontrato l'autostrada che si infilava in un tunnel e che sapeva lo avrebbe portato più in fretta al di là della frontiera, ma aveva continuato a camminare verso l'alto, verso la cresta dove si vede la recinzione che è stata costruita dopo la seconda guerra mondiale per fermare i migranti italiani, fino a che non si era trovato solo tra le sterpaglie. Due ragazzi che ha conosciuto nei Buchi gli hanno raccontato di essere partiti per quello che ora chiamano il Sentiero della Speranza, e poi di essere tornati indietro quando si erano accorti di aver perso di vista il nastro di plastica. "Non devi mai girare a sinistra, se pensi di esserti perso. Se vai a sinistra finisci giù. Noi abbiamo avuto culo, amico," diceva uno dei due, mimando la sua mano che afferrava l'altro per la maglietta, "perché se gridi tra gli alberi non è detto che ti sentano. Io lassù non ci torno, prima o poi con il treno ce la faccio, inshallah."

Ab si era chiesto che cosa fosse il coraggio, alla fine di tutto. Forse perché si era sentito così vicino a quel momento in cui diventi un'altra cosa, in cui non sei più un minorenne da tutelare ma diventi un potenziale problema adulto: un attimo di lucidità che non si addice molto a un ragazzo di diciassette anni, undici mesi e ventotto giorni. Si era chiesto se guardare la morte con senso di sfida non fosse più stupidità che paura, se tutti questi giorni in viaggio per dare presenza al volto di Céline e a quel sentirsi capito veramente, per avere addosso l'odore della sua pelle e per poter intrecciare le mani con le sue, valessero l'impressione di essere appeso a un filo. Di non sapere ancora se puoi essere considerato uno di quelli che hanno la meglio, nel grande gioco di fottere i controlli e fare un passo più in là, o uno di quelli che sono rimasti incagliati chissà dove o, peggio, che finiscono giù, nel mare o tra le rocce.

Si era chiesto se il suo fosse coraggio o imprudenza, una guerra personale alla possibile nostalgia per un futuro che aveva il diritto di pretendere, o soltanto una cazzata da adolescente. Avrebbe voluto parlare con zio Mohamed, che se ne usciva sempre con le sue storie edificanti, per chiedergli se lui non avesse mai desiderato solcare il mare e affrontare quei luoghi ostili in cui bisogna rendersi invisibili, se si vuole proseguire. Avrebbe voluto chiamare a casa, in realtà. Perché quando sei lontano tutto assume un'altra dimensione, e anche i litigi ora gli sembravano discussioni inutili, mentre camminava solo al buio, con le scarpe oramai talmente sporche che si confondevano con la terra del sentiero, e con una voglia per lui inspiegabile di tornare indietro. Forse è nostalgia, forse è il sentirsi grande, per un attimo, forse è rendersi conto che c'è qualcosa che non torna, forse – forse – è semplicemente paura.

La verità è che senza telefono, tra la parete di rocce e gli alberi che gli sfiorano la testa, accompagnato solo dal ronzio degli insetti e dalla vaga speranza di non aver sbagliato strada, Ab si sente perduto.

10.
(Fra – Kappa)

Nella busta ci sono anche delle foto stampate, con le didascalie scritte a mano da Gianluca. Sei di loro riguardano la storia di Paul Grüninger: due sono foto di gruppo, con una "X" a indicare il comandante in mezzo ai suoi commilitoni, in una, e nell'altra con la sua squadra di calcio. Una foto che ha più di un secolo: "1914. Paul con i suoi compagni", dice l'appunto in stampatello di Gianluca. C'è anche un P.S.: "Il secondo da destra ti somiglia, no? Magari era una punta come te ;-)". Poi ce ne sono due di Paul con la famiglia: in una è con la moglie – "1921. Paul e Alice" ha scritto Gianluca – e nell'altra c'è la piccola Ruth, la figlia, ancora nel passeggino. Ma le due che più colpiscono Francesco sono quelle che ritraggono Paul in primo piano. In una è giovane, veste la divisa bene abbottonata, indossa degli occhialetti e il cappello da poliziotto legato sotto il mento: niente è fuori posto, niente ci dice che quest'uomo, anni dopo, si rovinerà la carriera per far passare i clandestini del suo tempo. Poi ce n'è un'altra, sempre in bianco e nero, magnetica. Lo sfondo è molto chiaro, sotto c'è scritto solo "1960". Gli occhiali di Paul sono più grandi, è vestito in borghese, ovviamente, visto che l'hanno cacciato dalla polizia vent'anni prima. È invecchiato, la sua vita non dev'essere stata facile, dopo, e se è vero che il modo in cui fissa l'obiettivo ha senza dubbio qualcosa di triste, è allo stesso tempo di una serenità disarmante, per Francesco sorprendente.

Due delle altre tre fotografie, quelle che non riguardano Grüninger, invece sono sfocate: l'impressione è che siano state scattate di fretta, quasi di nascosto. Nella prima un uomo di cui non si vede il volto ha un bambino sulle spalle, al suo fianco c'è una donna che sembra anziana, che porta un grande sacco, e alla loro destra un terzo uomo li guarda, salendo come loro per una stradina di montagna. La seconda immagine sfocata ritrae un gruppo di persone che si riposano in un luogo che ricorda quello in cui si è accampato Francesco.

La terza, invece, è l'unica nitida: ci sono due uomini e una donna, tutti di una certa età, che camminano in salita. Il signore più a sinistra è letteralmente piegato, sembra dalla fatica, e l'uomo sul margine dell'inquadratura sta guardando il fotografo, abbozzando un sorriso di speranza. Una didascalia illumina tutte e tre le foto: "Questa è la storia che racconta Cristina, a Borgo San Dalmazzo. Sono alcuni tra le centinaia di ebrei che cercarono rifugio al di qua delle Alpi, nelle ore intorno all'8 settembre del 1943". Strizzando gli occhi e stringendo i denti per le fitte al ginocchio, Francesco guarda gli uomini e le donne infagottati, catturati in un istante di immobilità del loro camminare, e gli sembra di vedere Ernestyna e Isaak. Poi, si chiede perché. Perché dal Mar Ligure al Mare Adriatico, in cima e ai piedi delle montagne che ha intorno, tanta gente ha dovuto marciare, nell'ultimo secolo, per cercare un luogo in cui non fosse perseguitata e che la accogliesse. Non capisce perché era tutto così difficile, in quei tempi lontani.

C'è ancora un foglio, in fondo alla busta. Sembra una di quelle mappe che ti disegnano per la caccia al tesoro quando sei bambino, che di colpo ti trovi in un'avventura e anche se lo sai che alla fine, quando avrai trovato il punto esatto, per te ci saranno solo caramelle, ci credi, ti senti davvero un pirata o un corsaro. La mappa è in tedesco, ma in alto a destra c'è la scritta "Campagna" in italiano e in basso a sinistra una riga, netta, con la parola "Konfine" – con la kappa, proprio. La didascalia è più lunga delle altre:

> Questa mappa l'ha disegnata un ebreo di Merano di nome Robert Baruch: nel 1939, dopo aver raggiunto la Francia, l'ha mandata ai suoi familiari perché potessero passare il confine sani e salvi, in fuga dalle leggi razziali. Quella striscia di terra la chiamano Passo della Morte: durante il fascismo lo usavano gli oppositori politici in fuga dalla dittatura e nel dopoguerra su quella rotta hanno perso la vita almeno un centinaio di italiani e italiane: i primi a passare, dopo la guerra, sono stati dei minatori siciliani. È sopra Ventimiglia, dove iniziano le alture: chi riesce a superarlo arriva a Garavan e poi a Mentone, in Francia. Sai, è usato ancora oggi, e due associazioni (una italiana e una francese) lo hanno ripulito e lo hanno ribattezzato il Sentiero della Speranza. Perché la Storia, a volte, la possiamo provare a fare anche noi.

Francesco rimette tutto nella busta gialla di Gianluca, si toglie la maglietta e si sdraia sugli zaini. Conosce troppo bene queste fitte nel ginocchio, sa che ad alzarsi saranno dolori e che la stagione calcistica per lui è quasi certamente al capolinea. Non si è accorto che, alle sue spalle, è appena arrivato Kappa – non sa come dirgli che il loro viaggio ha l'aria di essere alla fine.

"Come va?"

"Mmmmh," bofonchia Francesco con una smorfia.

"C'era un punto in cui prendeva, su, bomber," gli dice Kappa, come se non avesse sentito la risposta. "Ho chiamato Martina."

"Eh?"

"Erano tutti insieme a una grigliata, avevano già la roba dietro. Tra poco più di due ore sono qui."

"Chi 'tutti'?"

"Martina, Andrea e Alessia. Ci stiamo, tutti e cinque sulla macchina di Marti: un po' stretti ma ci stiamo."

"Uh. Ma non ce l'avevano con noi?"

"Ehi, bro, Kappa ha sempre due o tre assi nella manica. E poi quella ti ama per davvero, non fare cazzate, eh."

Francesco rimane senza parole: a volte è come se ci fosse un tubo catodico che li tiene in comunicazione, cioè Kappa era lassù e nonostante la lontananza fisica ha capito che c'era da chiamare i rinforzi e insomma, la situazione si è risolta senza neanche dover discutere – bisogna solo capire come fare la strada fino a dove si parcheggiano le macchine e comincia la sterrata.

"Bro, caricati lo zaino che torniamo indietro prima che faccia tardi," lo incalza Kappa mettendosi davanti il suo, come se fosse un marsupio gigante. "Salta sulle spalle, fratello. Mi servirà per smaltire un po' di panza," aggiunge con un sorriso di quelli che ti fanno credere nel lato migliore dell'umanità. È in piedi davanti a lui, sovrastato dal sole con le nuvole che gli scorrazzano intorno, con lo sguardo che sembra divertito, e la mano tesa.

11.
(Fra – Kappa)

"E dove ***** andiamo?"

"Non so, su una frontiera dove si può andare in macchina," sbuffa Kappa passandosi la maglietta sulla pelle fradicia di sudore. Non si era mai tolto la felpa nera né il cappellino, nonostante il sole del pomeriggio che faceva il timido tra le nuvole ma poi picchiava come un buttafuori. E Francesco che si sentiva in colpa ogni metro e alla quinta volta che gli aveva detto Fratello, dai, fammi provare un pezzo, Kappa gli aveva risposto ridacchiando tra gli sbuffi Se proprio vuoi "provare un pezzo", amico mio, canta per distrarmi, e allora Francesco si era messo a cantare *Il testamento del capitano*, che era una canzone di nonno Dodo di quando faceva l'alpino.

Il capitan de la compagnia
e l'è ferito sta per morir
e manda a dire ai suoi Alpini
perché lo vengano a ritrovar.
I suoi Alpini ghe manda a dire
che non han scarpe per camminar.
"O con le scarpe, o senza scarpe
i miei Alpini li voglio qua."
"Cosa comanda siòr Capitano
che noi adesso semo arriva'?"
"E io comando che il mio corpo
in cinque pezzi sia taglia'!
Il primo pezzo al Re d'Italia,
il secondo pezzo al Battaglion,
il terzo pezzo alla mia mamma
che si ricordi del suo figliol.
Il quarto pezzo alla mia bella

che si ricordi del suo primo amor.
Il quinto pezzo alle montagne
ché lo fioriscano di rose e fior."

E poi Kappa gli aveva detto che una canzone più triste non poteva trovarla e che se gli fosse morto sulle spalle avrebbe preferito comunque portarlo giù intero e non a pezzi, allora Francesco aveva attaccato con *Vecchio scarpone*, e neanche era arrivato a quando la canzone parla delle stelle alpine – aveva solo cantato *Vecchio scarpone, quanto tempo è passato! Quante illusioni fai rivivere tuuuu!* – che Kappa si era dovuto fermare perché gli era partita la risata contagiosa e aveva paura di cadere in un burrone senza sapere se in Francia o in Italia: sarebbe stato piuttosto grottesco. E poi erano ripartiti con Francesco sempre sulle spalle, con uno zaino che stava in cima a tutto e uno che stava appeso al petto di Kappa; alla fine, dopo un'ora o poco più, si erano svaccati in questo punto in cui l'operatore del telefono è italiano e dunque, tecnicamente, non si può non essere in Italia. E mentre Kappa continuava ad asciugarsi e ad ansimare giurando che l'indomani avrebbe smesso di fumare, Francesco se ne era uscito con una domanda.

"Kappa, che ne dici di andare a Ventimiglia?"

"Un bagno al mare? Ci vorrebbe, bro."

"Non proprio, è più una sensazione. Non so perché Gianluca mi ha voluto dare questa mappa," risponde Francesco cercando la busta nello zaino.

"Se proprio ci tieni..." Kappa sembra perplesso, effettivamente non si capisce un granché da quella mappa ma per Francesco se la mappa è stata messa lì da Gianluca, in mezzo a quelle foto, ci dev'essere un motivo.

"Non è che ci tengo, boh, vediamo."

"Tra l'altro, Fra, prima che c'era campo ho visto su Facebook che ci sono un botto di ragazzi della nostra età, dalle parti di Ventimiglia. Tipo marocchini, o africani in generale, ma anche di altri posti. Vogliono andare in Francia ma ci sono controlli di qua e di là della frontiera e non passa nessuno, ho letto che ogni tanto fanno anche casino, e ci sta. Un mio ex prof ha postato un video in cui c'è questo tizio in borghese che urla robe tipo 'bastardi', 'pezzi di merda', manco gli avessero fatto qualcosa. Comunque."

"Comunque?" Francesco non sa cosa dire – è che il presente gli appare lontano, come se ci fossero da regolare dei conti, prima di tutto.

"Niente, Fra. Oh, mentre aspettiamo Martina e gli altri finiamo la lettera di nonno Dodo?"

"Ok," risponde Francesco, ritrovando il buonumore e trascinandosi fino alla tasca dello zaino. È che alla fine con Kappa è sempre tutto più facile, pensa, ci si sente sempre come con una squadra intorno.

Forse sta a pochi metri da me
Quello che cerco e vorrei trovare
La forza di fermarmi
Perché sto già scappando
Mentre non riesco
A stringere più a fondo
E ora che sto correndo
Vorrei che fossi con me
Che fossi qui

Sento a pochi metri da me
Quello che c'era
E vorrei trovare
La forza di voltarmi
Perché se stai svanendo
Io non ci riesco
A stringere più a fondo
Ora che sotto il mondo
Vorrei che tu fossi qui

[Subsonica, *Strade*]

Checkpoint – Level 3

0.
(Ab)

"Ab"

"Ehi"

"Io ti vengo a prendere"

Ab era riuscito a passare, aveva scovato un varco nella recinzione che separava la macchia mediterranea e si era trovato in Francia, finalmente. Il vento che saliva dal mare non aveva cambiato intensità, le nuvole che si diradavano sopra la sua testa avevano continuato a scivolare senza accorgersi di quella linea immaginaria, la vegetazione era la stessa, le pietruzze per terra erano identiche a un secondo prima. Tutto era uguale, eppure qualcosa era successo – qualcosa doveva essere successo.

"No, non farlo"
"Hai 18 anni passati"
"Finisci nella merda se ci beccano"

"Non ha senso che io ti aspetti qui"

“Non ha senso niente qui”

“Appunto”

“A me al massimo rimandano indietro all’infinito”

“Non è vero Ab”

“Sono passaggi pericolosi”

“Ho paura per te”

“E io per te”

“Ti prego fidati di me”

“Cosa vuoi fare”

“?”

Aveva camminato ancora un po’, lasciando alle sue spalle, al di là della recinzione che si era tenuta un brandello dei suoi jeans, quella voglia di casa, quella sensazione che forse non era nient’altro che paura – aveva persino preso a calci qualche sasso davanti a sé, fischiettando una hit dell’estate che usciva da tutti i bar di Ventimiglia.

Poi, d’un tratto, lo avevano fermato.

“Mi hanno detto che c’è un’altra strada che si può provare”

“Dove?”

“Si chiama Val di Susa, c’è un tunnel”

“Aspetta che guardo”

“Devo ridare il telefono al signore”

“Un secondo”

Erano sbucati dal niente, i gendarmi francesi, come se sapessero che lui era lì. Uno di loro aveva un sorriso stampato tra gli occhialetti da farti venire voglia di centrargli i denti in pieno con uno di quei sassi che erano stati suoi compagni di discesa. Ma Ab si era limitato a fare finta di non capire il francese, perché sapeva come sarebbe andata a finire. Lo avevano tenuto un po' in un gabbiotto, poi lui e altri tre erano stati rispediti in Italia senza tanti discorsi, e ora era di nuovo a pochi passi dai Buchi, che stavano diventando la sua nuova casa. Il signore che gli aveva prestato il telefono non gli aveva detto di dov'era e stava lì da mesi, come se non gliene importasse più niente di provare a passare. Ab unisce le mani in segno di preghiera, come ha visto fare da queste parti, per chiedergli ancora qualche minuto – di pazienza, di batteria –, e il signore gli fa un cenno che ha l'aria di voler dire Sì, ma sbrigati.

Céline sta scrivendo, di nuovo.

"Stanno mettendo sensori nel tunnel del Frejus, amore"

"Merda"

"Ci sono degli articoli che dicono che la gente la fa a piedi"

"Da Bardonecchia in pochi minuti sei in Francia, sembra"

"Ok ora mi informo"

"Siamo a 10 km di distanza e sembrano mille"

"Devo andare ora"

"Amore"

"Sì"

"Nessuno ha mai fatto una cosa così grande, per me"

1.
(Fra – Kappa)

La ragazza nella sala d'attesa veniva da lontano, da una cittadina siciliana a pochi chilometri dal Mar Mediterraneo, che oggi è molto famosa per essere la città del pistacchio: Bronte. Come il nostro amato Bronte III, sì, che tu hai conosciuto quando era troppo vecchio persino per scodinzolare.

La mappa che aveva tra le mani gliel'aveva venduta un altro italiano ma io, che conoscevo bene il confine, sapevo che era inutilizzabile, che negli ultimi anni, per via dei trattati del primo e del secondo dopoguerra, era cambiato tutto. Stava seguendo una vecchia rotta che non l'avrebbe aiutata a raggiungere il posto in cui doveva andare: oramai su quella linea non viaggiava che il legname, io invece conoscevo il percorso giusto. Sai, Franceschino, era tutto così assurdo, in quegli anni: c'era bisogno di queste persone, al di là della frontiera e (come in un grande gioco dell'oca) loro dovevano cercare di evitare i controlli, anche se oltre il confine sarebbero stati regolarizzati. Comunque, avevo ancora quasi due giorni di licenza, e d'un tratto le dissi "Ti accompagno io in Val di Susa". Non avevo mai fatto niente del genere prima di allora, ovviamente.

"No, vabbe' bro, questo è un segno del destino, a prescindere." Kappa diceva "a prescindere" solo in casi di estrema necessità. Con il sole che sparisce alle loro spalle tra le montagne, i due amici hanno entrambi il cappuccio che si mangia quasi la faccia, con la nuca appoggiata sullo zaino e i piedi sulla strada sterrata dove si parcheggiano le macchine prima di salire a piedi.

"Uh, sì," risponde Francesco. "Andiamo avanti però, che questi ci metteranno ancora un botto e qua manca poco."

"Inshallah, comandante," risponde Kappa portandosi il taglio della mano verso la fronte.

Facemmo un pezzo sul treno, uno sul cassone di un furgone, poi camminammo qualche ora a ridosso delle montagne che da bambino conoscevo così bene. Il fatto che io fossi vestito da alpino non destava sospetti: nessuno ci chiedeva dove stessimo andando. Quando incontravamo qualcuno, lei stava zitta perché non si sentisse il suo accento del Sud. Per il resto, parlavamo quasi sottovoce. Lei mi raccontava del mare, io delle montagne, lei di come il sole nasce e si addormenta tra i flutti, io delle albe che poi avremmo visto tante volte insieme, io e te, quando ci accendevamo la pipa.

Franceschino, pensa che, oltre alla nonna Nana (e solo quando eravamo fidanzati), non avevo mai scritto a nessuno. E questa storia non l'ho mai raccontata neanche a lei. Se te ne parlo è perché mi pare che qualche volta tu ti senta un po' perduto, ma ho visto che in questi ultimi anni sei cresciuto davvero tanto e io molte cose te le ho dette quando ero più in forma di adesso, che sono un po' rimbambito come Bronte III da vecchio e sto sparando le mie ultime cartucce. Prima di rimbambirmi del tutto devo lasciarti questa storia in eredità, perché sono certo che ti servirà a qualcosa.

They will not force us
They will stop degrading us
They will not control us
We will be victorious

[Muse, *Uprising*]

2.
(Ab)

L'ultima notte l'aveva passata sugli scogli, a guardare il mare.

Ripensava alle parole – "Se nuoti mille chilometri, sempre dritto, arrivi a casa tua" – che gli aveva detto quel ragazzo che non aveva più visto, si chiedeva se ce l'avrebbe fatta, prima o poi, a uscire dall'ospedale e a scappare da quella gabbia. Per lui le ore a Ventimiglia si chiudevano così, con l'amaro tra i denti e l'impressione di aver perso una partita non si sa a che gioco e non si sa con chi. Con le divise o, forse, con se stesso. Dicevano che prendere il treno nella direzione opposta era più semplice, soprattutto se andavi a piedi alla stazione dopo, dove nessuno si interessa a un ragazzino con le scarpe grigie e i jeans con i risvolti sporchi della terra bagnata dal fiume Roja. Se tirava il cappuccio sulla testa le persone che lo incrociavano avevano paura di lui: per questo aveva camminato per quaranta minuti a testa alta, sul lungomare. La Francia si allontanava alle sue spalle, e passo dopo passo ad Ab tornava quel senso di sfida, gli veniva da pensare che quella che agli occhi del mondo sembrava una sconfitta si sarebbe rivelata una vittoria. Gli avevano detto che in Val di Susa ci sono montagne alte e rocciose, che forse c'era ancora la neve, in cima, e che è impossibile controllare tutti i passaggi. Che ci sono molte meno persone che provano a passare, che ci sono molte meno divise, che c'è molta più speranza. E gli avevano detto che pagare il biglietto poteva essere una buona idea, per rendersi invisibili.

3.
(Céline)

Alla fine sono partita. Non ce la facevo ad aspettare: non sentivo Ab da più di dodici ore e sapevo dove stava andando. Perché gli ho dato retta fino a quando non è ripartito, non lo so. La sua decisione di farsi sei ore di treno per provare a passare più a nord non era assurda, però. Ventimiglia sembrava un muro, in quei giorni. E forse si è anche spaventato. In ogni caso, ho fermato una tipa della mia età e ho mandato ai miei una foto di noi due vicino a un cartello con la scritta "Costa Azzurra". L'ho ringraziata e poi ho aspettato pochi secondi. Mia madre, ovvio, ha chiamato subito. Il dialogo è stato, come sempre, la fiera dell'assurdo.

"Dove sei?"

"Secondo te?"

"In Costa Azzurra."

"Brava."

"E cosa fai?"

"Sono venuta al mare con una mia amica, Ma."

"Chi è?"

"Non la conoscete, andremo all'università insieme."

"Va bene... Non commettete imprudenze, ok?"

"Mamma, siamo in Costa Azzurra, non nel Bronx."

Poi le ho detto che avevo dimenticato il caricabatterie e che sarei tornata in serata. Tutto qui. Ho guardato gli orari dei treni di Ab e ho lasciato Mentone. Ero partita dopo di lui, è vero, ma ci avrei messo quasi un'ora in meno. E conoscevo il suo percorso. Mentre davo gas al motorino tenendo il cellulare stretto nella mano sinistra, sperando che lui recuperasse un telefono da qualcuno per scrivermi o chiamarmi, dei brividi mi percorrevano le braccia per l'emozione. Non mi era mai successa una cosa del genere. Non avevo mai fatto neanche un metro per qualcuno.

4.
(Céline)

La strada era pazzesca, stupenda.

Per essere fine aprile, faceva ancora freddo. Il vento mi tagliava quasi le braccia, quando una curva mi scopriva. C'ero già stata in Italia, con i miei, ma prendevamo sempre l'autostrada e questa non l'avevo mai vista. Credo che la chiamino la Valle delle Meraviglie. Neanche un'ora dopo essere partita, andando a nord, ero di nuovo in Francia. C'era solo un cartello, sembrava dimenticato lì. Avrei voluto essere con Ab, non avergli dato retta. Avrei voluto averlo caricato sul mio motorino a Ventimiglia: avremmo potuto fare questa strada. Nessuno mi ha fermata, nessuno mi ha controllato i documenti. Guardavo le nuvole che stavano sopra la mia testa e le montagne coperte di alberi. Intorno a me c'erano tre tipi di verde, ma solo quel cartello mi faceva capire che nel frattempo avevo cambiato stato. Il fiume Roja appariva sotto, man mano che salivo superando qualche ciclista in piedi sui pedali. C'erano questi paesi super romantici, tipo Breil, uno dopo l'altro. Ho pensato che mi sarei potuta trasferire da quelle parti, quando sarei stata vecchia, ho pensato che magari avevo trovato il ragazzo che neanche avevo mai pensato di poter cercare. È stato un pensiero che sinceramente mi ha sorpreso: avevo grandi piani, per il mio futuro. Volevo fare l'Erasmus, forse un master in qualcosa tipo diritto internazionale, avrei voluto fare l'avvocato poi, da grande. Avevo tutto il futuro davanti, eppure ero lì a immaginare il momento in cui la mia vita sarebbe stata alla fine. Pensavo che avrei voluto passare gli ultimi anni in posti così, dove sembra che l'uomo abbia chiesto il permesso alla natura. Scusa, ti spiace se ci mettiamo qua? Prego, ragazzi, fate come se foste a casa vostra.

Non so cosa mi passasse per la testa, in quei giorni, quando mi sembrava di vedere Ab già da grande e poi da vecchio. Non sapevo com'era toccare le sue mani, non conoscevo il suo odore, ma qualcosa mi diceva che ci sarebbe potuto essere qualcosa di importante tra di noi. Qualcosa di vero, in questo mondo pieno di rapporti falsi che mi annoiavano in una maniera allucinante. Il fatto che ci fossimo scritti per mesi senza fare nulla perché eravamo a milleduecentonovantasei chilometri di distanza, che alla fine lui abbia deciso di fare questa follia, rendeva tutto ancora più magico. Mi scriveva sempre che sarebbe comunque partito, prima o poi. Ma perché aspettare di avere venti o trent'anni, se avrebbe potuto vedermi, parlarmi a un centimetro di distanza, accarezzarmi adesso? Avevo il batticuore ogni volta che pensavo alle sue parole, al suo coraggio, alla sua determinazione. E allo stesso tempo avevo voglia di occuparmi di lui, volevo che fosse al sicuro. E, mentre iniziavo a vedere delle fortificazioni intorno a me e la strada faceva delle curve a gomito, riflettevo su quello che mi diceva mia sorella quando ero piccola.

Mi aveva comprato un mappamondo, io volevo sapere tutto e facevamo la gara a chi indovinava prima dove erano i posti e a chi sapeva più capitali a memoria. Ho capito solo dopo che ogni tanto mi faceva vincere. Comunque, lei mi indicava l'Europa e mi diceva che la mia generazione, tra qualche anno, tutte quelle linee che dividono gli stati le avrebbe cancellate. E poi avremmo iniziato, insieme ai nostri figli e ai figli dei nostri figli, a cancellare anche tutte le altre.

5.
(Fra – Kappa)

Quell'anno la sorveglianza del confine dal lato francese era ridicola: c'erano solo nove agenti e due automobili nel punto in cui doveva passare lei, mentre erano meno di quaranta in tutto l'arco alpino occidentale. Ho poi scoperto che quell'anno i gendarmi catturarono 1366 clandestini italiani, che possono sembrare tanti ma, se pensi che ogni anno ne passavano decine di migliaia, non lo sono. All'epoca non eravamo a conoscenza di questi numeri, ma sapevamo che una volta superata quella linea immaginaria sarebbe stato molto difficile essere intercettati. Il problema era il nostro lato, dove l'Italia (tra carabinieri, polizia di frontiera e polizia ferroviaria) schierava più di dieci volte tanto il numero degli agenti, rispetto ai francesi. Ma io c'ero andato per anni, da bambino e poi da ragazzo. E per questo sapevo che sarebbe stato più che sufficiente accompagnarla poco al di là della sbarra, per poi farle i miei migliori auguri e tornarmene in caserma.

Il problema è che, in quelle ore passate insieme fra treni, furgoni e strade (che dalla Val di Susa raggiungono i monti), mi sono innamorato di lei. Sì, mi sono innamorato di lei.

Sai che si dice che le cose diventano reali solo quando vengono nominate? Ecco, Franceschino, sessant'anni dopo quella giornata, scrivendo al mio amato nipote, ho appena capito cosa significa.

È come se li avesse colpiti un fulmine sulla nuca. Cioè, Francesco ha sempre visto nei suoi nonni quel mondo che non c'è più: le coppie che si conoscono a vent'anni e passano i mille anni dopo insieme, con gli altri esseri umani a fare da contorno e senza la possibilità che la loro storia finisca. Quando era bambino, nonno Dodo e nonna Nana avevano festeggiato le "nozze d'oro" a Limone Piemonte, a pochi chilometri dal piazzale in cui è ora con Kappa. E per giorni Francesco aveva pensato che ci sarebbe stato qualcosa d'oro alla festa ma poi suo zio era scoppiato a ridere che ogni volta sembrava si sarebbe ribaltato per terra e gli aveva spiegato che si diceva così perché era "un traguardo importante" e che significa i cinquant'anni di matrimonio e l'oro non c'entra un *****. E il nonno aveva letto una roba che aveva scritto in cui nominava i figli e tutti i nipoti e aveva la voce incrinata come quando diceva Bronte e poi sospirava prima di dire Terzo e a quel punto il suo vecchio e fedele amico si strofinava il pelo sui suoi pantaloni di fustagno o sui suoi polpacci bianchi o arrossati dal sole e il sospiro diventava un sorriso.

"'Orca trota," dice finalmente Kappa, dopo un paio di minuti con tutti e due a guardare la metà del foglio bianca dopo l'ultima frase di nonno Dodo, con un quadrifoglio messo in diagonale, tenuto su da uno scotch.

Questo l'abbiamo trovato prima di salire e imboccare la strada per la Valle Stretta. Io conoscevo bene quelle montagne, tuo bisnonno Luigi mi portava ancora lì a sciare d'inverno e a fare grandi passeggiate d'estate. Sapevo che c'era qualche ora di cammino, ma per essere una che veniva dal Sud lei era bene equipaggiata: il tizio che le aveva dato quella mappa inutilizzabile le aveva anche venduto degli scarponi di qualità. Abbiamo trovato un casolare abbandonato qualche chilometro sopra Bardonecchia e abbiamo dormito insieme lì. Non avevo mai passato così tanto tempo con una ragazza: era decisamente un'altra epoca.

Ricordavo benissimo quando era ancora tutta Italia, nei chi-

lometri successivi. Ricordavo benissimo quando avevano spostato il confine giù, a poche centinaia di metri da dove mi ero accampato con lei. E ricordo tutto ancora oggi. Nella mia memoria è impressa in maniera indelebile la prima immagine di lei, non ho mai dimenticato tutto quello che ci siamo detti e ogni metro che abbiamo percorso insieme, da quel primo momento a quando ci siamo abbracciati. Ricordo la mappa che le ho disegnato come se l'avessi fatta ieri, ma non riesco a ricordare perché le ho detto: "Ora vai, mandami una lettera quando sei arrivata e io verrò a trovarti". Non riesco a ricordare perché non ho mandato tutto e tutti a quel paese e mi sono incamminato con lei. Ero sicuro di quello che provavo nei suoi confronti, credo. Non penso che fosse paura, ma potrebbe anche esserlo. Era un passaggio illegale, ma non lo vedevo come qualcosa di sbagliato. E allora come mai l'ho lasciata andare da sola?

Perché la verità, Franceschino, è che a un certo punto io sono tornato indietro. E di lei non ho avuto più notizie. Quando, due ore dopo, sono salito sul treno alla stazione di Bardonecchia, ho visto delle grosse nubi addensarsi sulle montagne. Per la prima volta nella mia vita, ho visto la natura come una potenziale nemica. Le montagne, le mie amate montagne, l'avrebbero messa in pericolo. Ho pianto, ho persino pregato, dalla disperazione. La verità è che non ho mai più sciato, non sono mai più tornato in quella valle. Riuscivo a ritrovare la gioia delle passeggiate in montagna solo con te e con i tuoi cuginetti, ma non sono mai più riuscito ad andarci da solo. Ho preferito dimenticare, e andare avanti. Eppure non c'è stato un solo giorno della mia vita in cui non abbia ripensato, con tenerezza, a lei, la ragazza che veniva da Bronte, il cui nome rimarrà nel mio cuore. Tu hai conosciuto solo Bronte III, ma sono stati dei bravi compagni di strada anche Bronte I e Bronte II, avrei voluto farti conoscere anche loro.

A Francesco scende una lacrima, e non si gira verso Kappa in segno di solidarietà, perché è sicuro che il suo amico di sempre la stia vivendo allo stesso modo, proprio.

Sai che dicono che i quadrifogli portano fortuna, vero?

Ecco, ho sempre pensato che se fosse andata diversamente non avrei conosciuto nonna Nana e non avrei avuto tua mamma e dunque non ci sarebbe neanche il mio Franceschino, e neanche Stefano, il tuo "cugio", come lo chiami sempre tu, e Anna, ed Emanuele e Lorenzo e Giulia, e i loro figli che ho avuto la fortuna di conoscere prima di finire immobile in questo letto. E vorrei anche poterti dire che questa storia ha una morale, ma forse non ce l'ha, o se ce l'ha non te la devo dire io. È solo che negli ultimi tempi ho visto succedere tante cose che mi ricordano quegli anni difficili, è solo che io credo davvero tanto in te, nella tua generazione. In quello che potrete fare, in quello che noi non siamo riusciti a fare. Eravamo troppo piccoli quando le montagne su cui ti ho portato tante volte da bambino erano percorse dai nostri fratelli più grandi e dai nostri zii, che combattevano per la nostra libertà. E siamo diventati troppo vecchi in questi ultimi tempi oscuri, in cui si sentono di nuovo vibrare le corde sbagliate. O almeno così mi pare. Scusa se mi confido con te in questo modo, ma credo che sia giusto dirti queste cose (se no a cosa servono i nonni?).

Ora, con tutto il cuore, con tutto l'amore che un nonno ha per i suoi nipoti, ti abbraccio e ti ringrazio per aver avuto la voglia e il tempo di ascoltarmi e leggermi. E ringrazio anche Kappa, perché sono quasi sicuro che sia lì con te (digli di non fare troppe scemenze, mi raccomando).

Ti auguro di trovare la tua strada, e di arrivare alla mia età con un po' di dispiacere per essere alla fine, ma con la certezza di aver dato tutto quello che potevi dare. Io ci ho rimuginato un po' troppo su.

Ti auguro un mondo di bene, di gioia, di felicità e di amore. E ti chiedo un'ultima cosa, per cortesia. Vai dove c'era quella frontiera e fai pace con le montagne, per me. La natura non c'entra niente, non può essere colpa sua: sono le leggi scritte dagli uomini che rendono quelle linee immaginarie un pericolo. Porta quel quadrifoglio e lascialo dove ora c'è il confine: forse non ci credi, forse non ci credo neanche io, ma è bello pensare che possa portare fortuna a qualcuno, un giorno.

E non preoccuparti per me.

Ora sono a posto così, e sorrido.

Ti voglio bene,
il Tuo nonno Dodo

Francesco non riesce a parlare dalla stretta che sente alla gola, ricordando il momento in cui il nonno gli aveva dato la lettera. Era sdraiato sul letto dell'ospedale, respirava da un tubo come se stesse facendo l'aerosol – inspirava a fatica, aveva gli occhi chiusi, sembrava stesse pregando. A un certo punto aveva mosso le palpebre e si era accorto di non essere solo, aveva sorriso con gli occhi – la bocca non si vedeva – e aveva detto Franceschino, che gioia vederti. Ho una cosa per te, aveva aggiunto. Gli aveva detto di leggerla a diciott'anni e di non farla vedere a nessuno – gli aveva fatto un occhiolino, poi, come quando diceva le parolacce e, subito dopo, "Rimanga tra noi".

6.
(Fra – Kappa e tutta la banda)

"Oh, ragazzi, non sapete Kappa che ha fatto, in stazione."

"E diccelo," ride Andrea, prima di dare un sorso di birra.

"Tempo che siamo scesi ha lasciato la sua impronta sul treno su cui stavamo."

"Hai fatto il tuo tag?" chiede Martina girandosi verso Kappa – che sta dando fuoco a un pezzo di carta infilato tra i rami –, sottolineando la parola tag come a voler far notare a tutti che conosce anche il linguaggio dei writer, e che dunque è giusto che studi arte, poi, all'università. Erano arrivati che stava facendo buio, ma Kappa aveva previsto tutto e aveva rimontato la tenda della notte prima per le ragazze, e con dei tronchi e una coperta aveva costruito una specie di rifugio per lui, Francesco e Andrea, a pochi metri da dove sono adesso. Prima, Francesco aveva raccontato a Kappa di Paul Grüninger, gli aveva fatto vedere le foto e Kappa era rimasto un po' a pensare prima di dire d'un fiato Cazzo-che-grand'uomo-quello.

La risposta di Kappa a Martina è un roboante "Wow" – il suo rutto sposta le fiammelle fino quasi a spegnerle, ma come per miracolo il fuoco ricomincia a scoppiettare. Andrea e Alessia iniziano a ridere quasi in coro, Martina diventa rossa come i suoi capelli e Francesco le appoggia l'indice sulle labbra come a dire Dai, capiscilo, è un cinghiale ma mi vuole bene – ci vuole bene.

"E comunque," aggiunge Kappa parlando come le persone normali, "tu non te ne sei accorto perché eri moribondo che ti rotolavi per terra, ma ho lasciato la mia scia anche su al forte." Fa una pausa teatrale e poi chiude: "Ho scritto 'Fuck The War'". Giusto, pensa Francesco, anche perché Kappa è uno dei pochi che lui conosce a saper fare la pace, per davvero. Quando erano arrivati Martina, Alessia e Andrea, per esempio, era stato tutto così naturale che a Francesco è venuto da chiedersi perché a volte si rimanga ********* per giorni, a non rivolgersi la parola e a starci di *****, quando può essere molto più semplice di così. Lui e Martina si erano abbracciati come se non si vedessero da sei mesi, e oltre il loro abbraccio Francesco aveva visto che Kappa si era avvicinato ad Andrea e gli aveva detto "Oh, scusa, sul serio", con le mani giunte in una goffa preghiera. E Francesco aveva pensato quanto poco ci vuole eppure quanto è difficile dire scusa, dirlo senza partire con un Ma o un Però subito dopo, e Kappa era capace a fare questa cosa qui, altri no ma Kappa sì, ecco. Andrea gli aveva teso la mano lasciando per un istante quella di Alessia, sciogliendosi in un sorriso. E si era subito riattivata quella roba che poi ti fa stare delle ore intorno a un fuoco mezzo spento a scolarsi una cassa di birra e a cantare a squarciagola delle canzoni che fanno vomitare ma che le conoscono tutti e a darsi le pacche sulle spalle. E ogni tanto alzare lo sguardo e guardare Martina negli occhi e fare quel sorriso imbarazzato con la sensazione di aver ritrovato non lei ma te stesso, tipo.

È che, dopo quello che ha appena scoperto, Francesco ha l'impressione di essere la persona più fortunata del mondo, a poter guardare le Alpi, le montagne che nonno Dodo aveva costeggiato con la ragazza che veniva da Bronte e che poi aveva un po' odiato, per tutto il resto del tempo trascorso su questa terra. Sente di essere in pace con la sua vita, almeno, con Martina avvolta nella sua giacca, la testa appoggiata sulle sue gambe e gli occhi che guardano il Grande Carro, lassù. E si chiede se non è uno scherzo del cielo, che ci sia sempre un carro gigantesco sopra le teste degli uomini, almeno in questo spicchio di mondo, ecco – un carro che potrebbe portare ciascuno un po' dove gli pare, se solo avesse voglia di scendere giù.

7.
(Céline)

Dove iniziava la discesa in Italia, i due poliziotti italiani erano in maniche corte.

C'erano tre ragazzi e due ragazze più o meno della mia età. I ragazzi stavano con le mani contro la macchina rossa, un poliziotto li stava perquisendo. Due dei tre maschi avevano il cappuccio tirato sulla testa per coprirsi dal vento, quello più grosso aveva un cappellino con un dito medio disegnato, che spuntava sopra la visiera. L'altro poliziotto stringeva uno di quegli aggeggi che sembrano delle stecche da biliardo di metallo e che hanno uno specchietto in fondo, per controllare sotto le macchine. Una delle due ragazze stava fumando una sigaretta e osservava la scena preoccupata. Per terra c'erano i loro zaini svuotati in mucchi relativamente ordinati e un metro più in là due bombolette spray. Ho rallentato ma il poliziotto che stava controllando la macchina mi ha fatto cenno con la testa per dirmi che potevo passare. Avevo ancora cinque ore di strada, presto sarei stata di nuovo in Francia per poi rientrare ancora una volta in Italia, dalla Valle Stretta.

Secondo i miei calcoli, Ab aveva ancora parecchi chilometri di treno, ma questa volta mi avrebbe trovata ad aspettarlo alla stazione. Questa volta era lui che doveva fidarsi di me.

Evermore, gone but not forgotten
Anyway there's more
Evermore, lost but not for nothin'
Here but then, what for

[Grandaddy, *Evermore*]

8.
(Ab)

Con la faccia schiacciata contro il finestrino, Ab si chiede se la valle verso cui sta andando si chiama Stretta perché è stretta o se qua in Europa danno i nomi dei posti un po' a caso. Per esempio c'è questa parola araba che oramai usa un po' chiunque che è *harraga* e che vuole dire "quelli che bruciano le frontiere", mentre qui li chiamano tutti "migranti". Che vuol dire "quelli che migrano" come fossero degli uccelli che prendono il volo – solo che lassù nessuno chiede i documenti, e nessuno ti rimanda indietro. Con i pugni stretti nelle tasche consunte dei jeans, Ab vede che in cima alle montagne, sotto le nuvole che sembrano appoggiate le une sulle altre, c'è la neve.

Quando, sul primo treno che aveva preso, la controllora gli aveva toccato la spalla, Ab stava sognando di essere lui a rincorrere un gendarme francese. L'uomo aveva i baffi, Ab lo sapeva anche se non riusciva a vederlo mai in faccia: quando era sul punto di afferrarlo, quello svaniva. Allora Ab, nel sogno, faceva due passi oltre la linea che era disegnata per terra e pensava di essere in Francia, salvo. Ma per terra c'era un cartello ricoperto di sabbia e lui lo puliva con il palmo della mano e c'era scritto "Ventimiglia" – era di nuovo lì. E allora alzava gli occhi e vedeva le sue scarpe oramai di un grigio talmente scuro da assomigliare al nero e le scarpe però erano ai piedi del gendarme, quello coi baffi che non si vedevano ma Ab sapeva che c'erano. E ricominciavano a correre e ogni volta, al di là della linea, c'era scritto "Ventimiglia" sotto la sabbia. Quando la controllora gli aveva scosso più forte la spalla, dopo averla toccata, Ab si era svegliato di scatto e aveva visto sui due sedili di fronte una giovane coppia che lo guardava come a dire Ecco, ora l'ha beccato.

Lui invece aveva allungato la mano che teneva in tasca avvinghiata intorno a quel pezzo di carta, e il biglietto era tutto stropicciato ma l'aveva pagato, l'aveva preso alla macchinetta ed era costato ventiquattro euro e venti centesimi, e lui ce li aveva. Gli erano rimasti tre euro e qualche spicciolo con cui aveva mangiato un panino a un fast food della stazione di Torino Porta Nuova che era piena di gente, e lui era riuscito a non dare nell'occhio – avrebbe voluto chiamare Céline ma sarebbe stato troppo pericoloso, si sentiva gli sguardi di tutti addosso.

Nei venti minuti che gli restavano, aveva fatto due passi tra i binari. Si era ricordato di quando, due giorni e mezzo prima, se ne stava a gambe incrociate con i jeans arrotolati sulle caviglie, prima di strapparseli nella recinzione sopra al Passo della Morte. E aveva visto quei due ragazzi italiani che avranno avuto più o meno la sua età, con gli zaini e gli occhi gonfi, ma un sorriso stampato sotto la stanchezza che gli era rimasto impresso finché non erano poi scesi, e si erano lanciati quell'occhiata che lui aveva preso per un Buona fortuna, *harraga*, chiunque tu sia.

Sembrava passato un mese, da quando era lì ad aspettare il treno che lo aveva portato in quella trappola per topi. Chissà perché si chiama Ventimiglia, poi.

9.
(Fra – Kappa, perché il resto della banda dorme)

"Fra."

"Eh. Non riesco a dormire."

"Neanche io."

Il silenzio della montagna avvolge Francesco e Kappa, sopra le loro teste le stelle sembrano scivolate giù, il cielo è più scuro che in città e ci si illude quasi di poterle toccare. Francesco ha la sensazione di essere un granello di sabbia nel mondo, e insieme quella di essere grande per davvero, unico, vivo.

"Sai, bro, sto leggendo questo libro che si chiama *Cent'anni di solitudine* – aspe'," gli dice Kappa prima di infilarsi di nuovo sotto quel rifugio improvvisato con i tronchi e la coperta. Cercando di evitare il rumore che fa la pelle sull'acrilico del sacco a pelo, allunga la mano e prende un libro bianco dallo zaino. Poi continua a rovistare, Andrea bofonchia qualcosa nel sonno muovendo le gambe come se stesse scappando ma non si sveglia. E Kappa torna al fianco di Francesco, muovendosi come in slow motion.

"Questo non lo useremo, mi sa," sorride lanciando il pallone sopra la sua testa e riprendendolo nel cappuccio.

"********," commenta Francesco mentre Kappa tira fuori una sigaretta già girata da dietro l'orecchio.

"Ma la siga non si rompe, di notte???" ridacchia Francesco.

"Shhht, bro. A un certo punto del libro, a Macondo – è un villaggio tipo in Sudamerica – c'è questa epidemia di insonnia. Praticamente nessuno riesce a dormire e questo non è che gli dispiace, all'inizio, anzi. È che praticamente, a furia di avere questa malattia, la gente inizia a perdere la memoria."

"Ha colpito anche noi?"

"..."

"L'insonnia, dico."

"Ma no, senti qua, Fra." Kappa sfoglia qualche pagina del libro fino a dove c'è un segno a penna sulla pagina di destra. Si raddrizza un po', schiarisce la gola sottovoce e inizia a leggere:

> Fu Aureliano che concepì la formula che li avrebbe difesi per parecchi mesi dalle evasioni della memoria. La scoprì per caso. Insonne esperto, per esserlo stato tra i primi, aveva imparato a perfezionare l'arte dell'oreficeria. Un giorno stava cercando la piccola incudine di cui si serviva per laminare i metalli, e non si ricordò del suo nome. Suo padre glielo disse: "tasso". Aureliano scrisse il nome su un pezzo di carta che appiccicò con la colla sul piede dell'incudine: *tasso*. Così fu sicuro di non dimenticarlo in futuro. Non gli venne in mente che quella poteva essere la prima manifestazione della perdita della memoria, perché l'oggetto aveva un nome difficile da ricordare. Ma pochi giorni dopo scoprì che faceva fatica a ricordarsi di quasi tutte le cose del laboratorio. Allora le segnò col nome rispettivo, di modo che gli bastava leggere l'iscrizione per riconoscerle. Quando suo padre gli rivelò la sua preoccupazione per essersi dimenticato perfino dei fatti più impressionanti della sua infanzia, Aureliano gli spiegò il suo metodo, e José Arcadio Buendía lo mise in pratica in tutta la casa e più tardi lo impose a tutto il paese. Con uno stecco inchiostrato segnò ogni cosa col suo nome: *tavolo*, *sedia*, *orologio*, *porta*, *muro*, *letto*, *casseruola*. Andò in cortile e segnò gli animali e le piante: *vacca*, *capro*, *porco*, *gallina*, *manioca*, *malanga*, *banano*. A poco a poco, studiando le infinite possibilità del dimenticare, si accorse che poteva arrivare un giorno in cui si sarebbero individuate le cose dalle loro iscrizioni, ma non se ne sarebbe ricordata l'utilità. Allora fu più esplicito. Il cartello che appese alla nuca della vacca era un modello esemplare del modo in cui gli abitanti di Macondo erano disposti a lottare contro la perdita della memoria: *Questa è la vacca, bisogna mungerla tutte le mattine in modo che produca latte e il latte bisogna farlo bollire per aggiungerlo al caffè e fare il caffelatte*. Così continuarono a vivere in una realtà sdrucciolosa, momentaneamente catturata dalle parole, ma che sarebbe fuggita senza rimedio quando avessero dimenticato i valori delle lettere scritte.

Kappa si volta verso Francesco con la mano alzata di piatto sopra l'avambraccio, a dire "pelle d'oca".

"Figo, no?"
"Figo cosa?"
"Dai, cioè, è geniale. Dovremmo farlo anche noi, ogni tanto, per ricordarci a che servono le cose."
"Ma come finisce, poi?"
"Ah, niente, poi arriva uno da fuori e il paese guarisce – gli tornano il sonno e la memoria."

10.
(Fra – Kappa e tutta la banda)

"Gianlu."
"Ueeeeeei, Fra! Come va? Dove siete?"
"Stiamo partendo dal Colle di Tenda, andiamo in Valle Stretta."
"Ah, cambio di rotta?"
"Poi ti racconto, comunque niente di grave."
"Ma sta andando bene?"
"Sì, sì, a parte che ci ha appena fermati la polizia."
"Eh?"
"No, ma tutto ok. Ci hanno tenuti tipo mezz'ora e alla fine hanno solo sequestrato le bombolette di Kappa ma non gli hanno fatto niente."
"Dai, bene. Con lui tutto a posto?"
"Alla grande come sempre, sono arrivati anche Marti e Andrea e Alessia."
"Figo, avreste dovuto prendere un camper!"
"Lascia perdere, che a Kappa è rimasta lì..."

Hanno deciso di fare la strada lunga, quella che rientra in Francia – ancora una volta – dal Colle della Maddalena per poi sbucare in Val di Susa da dove non te l'aspetti. Sono più di quattro ore e mezza di viaggio, ma ripasseranno da Borgo San Dalmazzo e poi su, con alla sinistra i luoghi che erano stati percorsi dai passi degli ebrei in fuga, ottant'anni fa, e quella sensazione di avere una gran botta di ****, a non essere nella loro condizione. Comodi, anche se un po' stretti, con le chiappe al caldo sulla macchina di Martina, rossa come i suoi capelli quando bara un po' e ci aggiunge un tocco di colore acceso.

"Volevi dirmi qualcosa?" chiede Gianluca al telefono a Francesco.

"Be', sì. Grazie per la lettera e quel copione con la storia di Paul..."

"...ma figurati, mi sembrava una roba interessante, per te."

"Sì, molto. E poi volevo chiederti, sai quel tuo amico che mi dicevi? Secondo te ci stiamo, anche se siamo in cinque? Non è che rompiamo?"

"Ma certo, vai sereno. Casa sua è davvero a poche centinaia di metri dal confine. Cioè, la casa è dei suoi, ma chiamalo, magari è lì, sai, il ponte e tutto. Se c'è vi ospita di sicuro."

"Dai, ci provo, gli scrivo."

"Chiamalo, Fra, non fare il timido!"

Francesco tiene il ginocchio sollevato sul parabrezza nel tentativo di sentire meno il male, Martina è alla guida al suo fianco. Lui la guarda con gli occhi pieni di quella roba lì che è difficile dirla. E ripensa alla telefonata all'amico di Gianluca, che era stato un patatone mondiale e sembrava sapere tutto di lui e Kappa e gli aveva detto che era giusto sul treno per Bardonecchia e che sarebbe arrivato nel pomeriggio. E quando Francesco gli aveva buttato lì che sarebbero stati tre in più era scoppiato a ridere e aveva detto Shhht, Pancho al suo cane che guaiva e poi a Francesco aveva detto Nema problema, mi casa es su casa. Che vuol dire Nessun problema, casa mia è casa tua, ma in due lingue diverse, tipo. Gli aveva detto che avrebbe condiviso la posizione e che, se avessero fatto tardi, avrebbe lasciato la porta aperta. Quando Francesco lo aveva rassicurato dicendo che sarebbero arrivati in serata, li aveva anche invitati a cena.

11.
(Céline)

Quando sono rientrata in Francia dal Colle della Maddalena, non c'era nessuno. Né poliziotti italiani, né gendarmi: niente. Di nuovo. Avrei potuto scommetterci, a dir la verità. Comunque, secondo i calcoli di Maps, una volta passata di nuovo la frontiera con l'Italia sarei arrivata alla stazione di Bardonecchia dodici minuti prima di Ab. Per cui non mi sono fermata a mangiare la focaccia che avevo comprato a Mentone. Avevo paura di perdere tempo e mancarlo. E poi la volevo mangiare con lui.

Cercavo di dominare le emozioni, di pensare a quello che gli avrei detto, di immaginare il momento che avevamo aspettato così a lungo insieme, lontani. Avevo il cuore "che neanche una batteria", come avrebbe detto Ab. Stritolavo il cellulare tra le mani per la paura di non sentirlo vibrare quando la strada si faceva dissestata.

I miei mi dicevano sempre che nella vita avrei potuto fare quello che avrei voluto. Purché ci fosse la passione a guidarmi, aggiungevano. Ma questa cosa non l'avrebbero capita, perché loro si riferivano più che altro al lavoro, non all'amore. Non ho mai condiviso con loro i fatti miei, ad ogni modo non mi piace raccontare come sto e quello che provo. Stare sulle mie e scannerizzare le emozioni degli altri, quello sì che mi piace. Anche se con le tue, prima o poi, devi farci comunque i conti.

E poi questa volta il fatto era che nessuno mi avrebbe presa sul serio, anche se avessi voluto raccontarlo. Già me li immaginavo, i miei fratelli a dire Cioè, non vi siete mai visti? Già immaginavo la faccia di Antoine mentre sottolineava il "mai" sghignazzando con Mathieu. Comunque, i miei fratelli non erano un problema. Il mio piano era molto semplice: introdurre Ab un passo alla volta, come se fosse un mio compagno di università. L'avrei istruito io, avremmo inventato insieme una storia credibile. Gli avevo trovato un posto in cui stare qualche settimana, appena fuori città. La verità è che sono cose che pensiamo che succedano solo nei film, finché non ci capita di viverle.

A un certo punto, la macchina rossa che avevo visto all'altra frontiera, prima di rientrare in Italia per poi uscirne di nuovo, mi ha superata. Alla guida c'era una delle due ragazze, al suo fianco uno dei tre ragazzi che i poliziotti italiani prima stavano perquisendo contro la macchina. Avrà avuto esattamente la mia età. Aveva il cappuccio mezzo sulla nuca e le ginocchia tirate su in una maniera strana, innaturale, e la guardava. Anche se vedevo solo una parte del suo volto, ero sicura che la stesse guardando come si guarda qualcosa che dà senso alla tua vita, e a ripensarci mi viene una stretta al cuore. I loro tre amici, dietro, dormivano. I finestrini erano mezzi giù, e ho sentito qualche parola della canzone italiana che stavano ascoltando.

Apriti cielo
Sulla frontiera
Sulla rotta nera
Una vita intera

Apriti cielo
Per chi non ha bandiera
Per chi non ha preghiera
Per chi cammina
Dondolando nella sera

[Mannarino, *Apriti cielo*]

Welcome to Europe – Level 4

0.
(Ab)

“Ricordati però che se non hai un regolare documento di soggiorno in Italia c’è ancora il reato di clandestinità.” Sul treno mezzo vuoto che scivola nella valle da qualche minuto, Ab sta sfogliando la guida sgualcita che gli è rimasta nella tasca dei jeans. Non aveva letto con attenzione quello che si diceva dei “minori stranieri non accompagnati”, cioè di quelli come lui. La nuova legge, c’era scritto, prevede “il divieto di respingimento in frontiera”. Ora che lo sa, Ab si rende anche conto che probabilmente nessuno la rispetta, questa legge. O almeno a Ventimiglia, ecco, perché sono proprio i ragazzi come lui che si schiantano ogni giorno contro quel confine che è diventato un muro.

Nelle ultime pagine c’era anche un dizionario con alcune espressioni che possono servire, quando ti sposti in una terra straniera. Ab non l’aveva neanche mai notato, e in ogni caso non lo avrebbe aiutato molto, perché i due o tre italiani con cui aveva parlato masticavano un po’ di francese. E comunque ormai il treno ci avrebbe messo un’ora e ventisei minuti per arrivare a Bardonecchia, e poi di nuovo verso la via della Francia, dove l'italiano non gli sarebbe servito più.

Ogni tanto appare l'autostrada e a un certo punto, a dominare la valle, Ab vede uno splendido castello di quelli che ci sono nelle fiabe. Lassù – oltre il castello che sembra sospeso, in equilibrio – c'è la neve, che lui guarda con gli occhi gonfi di meraviglia. Sembra che qualcuno abbia dipinto le montagne dall'alto in basso e a un certo punto sia andato via – che si sia dimenticato di finirle, o qualcosa del genere.

Ab ha perso la percezione del tempo: i suoi pensieri sono tutti per le immagini di Céline impresse nella sua mente da mesi, finché non lo distrae un giovane signore che avrà trenta o quarant'anni, i capelli lunghi legati e la barba arruffata. Sta parlando al telefono. È seduto sull'altro lato della carrozza e lo guarda amichevole, con curiosità. Tiene in braccio un cucciolo che sembra spaventato e che guaisce, e mentre lo tranquillizza con un Shhht manda ad Ab un cenno di saluto con la mano che non fa da cuscino al cane. Poi scoppia a ridere, dice ancora qualche battuta in italiano e la telefonata finisce nel giro di poco. Di colpo Ab intuisce che forse, per una volta, può chiedere quel favore non a un *harraga* come lui, ma a uno che viaggia per i fatti suoi. Sfoglia la guida finché non trova la frase che cercava.

E la pronuncia lentamente.

Voglio

chiamare

mio

Però le altre parole scritte sulla guida non servono a niente. C'è "sorella", "fratello", "madre", "padre", "figlia", "figlio", "moglie", "marito". Ab rimane incantato con una smorfia, e gli viene da ridere: non ce la fa a dire "moglie", in fin dei conti non si sono mai visti.

"Vuoi chiamare tuo...?" ripete il signore alzando le sopracciglia, spronandolo a finire la frase. Poi Ab si ricorda di quando suo zio Mohamed l'aveva costretto ad ascoltare quella canzone orribile cantata da uno che sembrava tenesse il naso tappato e gli aveva detto che parlava d'amore e che tutti gli italiani la conoscevano.

Mio
più bella cosa non c'è

Per un istante quel signore rimane con gli occhi spalancati – Ab li vede riempirsi di commozione, e capisce che ha capito. E senza un momento di esitazione l'italiano gli lancia il suo telefono.

1.
(Fra – Kappa)

Tra le case in legno, pietra e muratura della borgata, i raggi del sole filtrano quasi a ferire le palpebre. Kappa ha messo un paio di occhiali da sole vecchi di chissà quanto, Francesco si copre la fronte con il dorso della mano. Il paesino è tenuto decisamente bene: negli ultimi anni è diventato soprattutto un luogo di villeggiatura per alcune decine di famiglie dell'Italia del Nord. Gente che trascorre un paio di mesi d'estate, qualche weekend e la stagione invernale lì, a pochi passi dalla seggiovia e a poche centinaia di metri dal confine ormai dismesso. Subito prima della casetta dove stava la polizia di frontiera, sulla sinistra, c'è un campo da golf.

Il piccolo corso d'acqua sul quale finisce il paesino è la

Dora, che ancora non sa di essere un fiume importante, perché poi si ingrossa sempre di più, trapassa la Val di Susa e arriva fino a Torino, dove si ricongiunge al Po, che a sua volta prosegue per tutta l'Italia settentrionale e sfocia praticamente all'estremo opposto dell'arco alpino, solo un po' più a sud.

Francesco e Kappa sono seduti sul muretto che fa da argine al fiumiciattolo con Lorenzo, l'amico di Gianluca che li ha accolti e che tutti chiamano Lollo, in quella casa. Martina, Andrea e Alessia sono dentro a farsi una doccia, e loro stanno parlando con Lollo, guardando l'acqua che scorre, allontanandosi inesorabilmente dal paese e dal confine.

"I miei hanno comprato questa ex baita una ventina di anni fa," dice Lollo, legandosi i lunghi capelli castani. "Avrebbe potuto diventare uno di quei paesi abbandonati che oramai in Italia si trovano dappertutto, ma poi succede che arrivano gli amici, gli amici degli amici, e il paese si ripopola." Il piccolo cane – Pancho – rincorre due bambini che imparano ad andare in bici senza rotelle e senza pedali, spingendosi con i piedi come le macchine dei Flintstones.

"Gianlu mi ha detto che vi state facendo il giro delle Alpi per vedere com'è fatta una frontiera. Sapete, sulle montagne all'inizio della seconda guerra mondiale era stato messo un cartello che diceva: 'Per noi fascisti, le frontiere, tutte le frontiere, sono sacre: non si discutono, si difendono'. Ma anche no," dice Lollo mentre Kappa lancia qualche scaglia di pietra nel fiume, pensieroso. "La verità," continua Lollo, "è che, fino a qualche mese fa, io mi ero quasi dimenticato che qua fosse così attaccato alla Francia. Ma ultimamente, quando mi capita di venire a trovare i miei o di fare un paio di giorni con gli amici, come adesso, ogni tanto vedo questi ragazzi che camminano. Hanno più la vostra età che la mia, non so, diciassette, vent'anni al massimo, e camminano. Credo di averne beccato uno in treno: mi ha chiesto se poteva usare il telefono e poi è sceso a Bardonecchia come me. Gli ho mezzo proposto uno strappo in Francia ma mi ha fatto cenno di no. Secondo me era spaventato, o forse semplicemente aspettava qualcuno. Il fatto è che la frontiera spesso la bruci facile, qui, però poi per chilometri e chilometri non c'è niente di niente. Dev'essere lo stesso sopra Ventimiglia, dalle parti di Sospel: puoi anche passare senza che ti becchino, ma ti aspettano al primo centro abitato."

Francesco si trova a pensare che invece loro sul Colle di Tenda non avevano visto nessuno, e neanche prima o dopo – forse solo quel ragazzo che aveva incrociato il suo sguardo in stazione, quando erano partiti, e poi a Borgo San Dalmazzo, forse lui era uno di quelli che volevano bruciare la frontiera.

"Dai, fate un salto. Non era il vostro viaggio da diciottenni, questo? Lo dico io agli altri, vi aspettiamo per cena," dice Lollo. "Sono davvero due passi."

È come se Lollo sapesse che hanno una promessa da mantenere, Francesco e Kappa. Si guardano annuendo, come sanno fare tra loro, pensando a nonno Dodo e alla sua lettera. Lollo fischia a Pancho che corre indietro scodinzolando, poi scompiglia i capelli di Francesco e rientra in casa passando dal giardinetto che dà sul fiume.

Kappa fa una specie di inchino, porgendo il dorso, e Francesco gli appoggia il braccio sulla spalla. E così, come un anziano signore e il suo bastone, con la forza che ti può dare il non sentirsi mai soli, si incamminano lentamente, ancora, verso la frontiera.

2.
(Fra – Kappa)

"Kappa, che ***** è 'sta roba?"
"Dice che di qua ci siamo noi, di là qualcun altro."

“Sembra una lapide.”
“Chissà chi li ha inventati, i confini.”

Imbambolati davanti al blocco di pietra compatto e inquietante, Francesco e Kappa non sanno cos'altro dire, per un attimo. Hanno passato gli ultimi tre giorni a chiedersi spesso dove fosse il confine, per poi rendersi conto che funziona così, un giorno arriva qualcuno e piazza un cartello, o una specie di lapide che si chiama “cippo”, o traccia una linea, e così cambia i destini di tanta di quella gente – almeno in passato è sempre stato così, ecco.

Nonno Dodo aveva scritto che il casolare abbandonato dove aveva dormito con la ragazza di Bronte era “qualche chilometro sopra Bardonecchia” e “a poche centinaia di metri” dal confine, e Francesco si chiede quale tra le case che si avvicinano e si allontanano dalla Dora è stata testimone di quella notte d'amore di mille anni fa. Le mani in tasca sfiorano la lettera di nonno Dodo, la stringono, la tirano fuori lentamente come se si potesse infrangere – come se le parole potessero svanire.

Le ultime volontà del nonno gli rimbalzano in testa.

Porta quel quadrifoglio e lascialo dove ora c'è il confine: forse non ci credi, forse non ci credo neanche io, ma è bello pensare che possa portare fortuna a qualcuno, un giorno.

Sul retro del cippo di confine c'è scritto “F 1947”: Lollo ha spiegato a Francesco e Kappa che la “F” sta per Francia e il 1947 – gliel'aveva scritto anche il nonno – è l'anno in cui sono stati ridisegnati, per l'ennesima volta, i confini.

Francesco apre la lettera alla pagina appena un po' rigonfia per lo scotch e il quadrifoglio, e lo stacca con delicatezza.

Kappa, invece, si mette a frugare nel suo zaino, che ha voluto portare a ogni costo.

"Passami la lettera, bro," dice a Francesco quando vede che ha il quadrifoglio tra le dita.

"Perché?"

"Non ti preoccupare fratello, per me è sacra come per te," sorride Kappa con uno sguardo profondo, come se stesse per fare qualcosa di importante, di epico. All'improvviso i suoi occhi si illuminano, impercettibilmente. La mano esce dallo zaino: impugna una bomboletta rossa.

"Uh. Come **..."

"...Fra, non è la prima volta che mi fermano. C'è una tasca cucita, sotto, basta coprire la bomboletta di riserva con un pezzo di stoffa e non la troverebbe neanche tua madre," sorride Kappa mimando un occhiolino, prima di mollare lo zaino per terra e chinarsi concentrato sul cippo di frontiera. Come se fosse davvero davanti a una lapide, e si accingesse a pregare. Poi scuote la bomboletta, che per lui è un gesto sacro quanto lo è la lettera di nonno Dodo.

Francesco gliela allunga e guarda Kappa che inizia a scrutare la prima pagina da molto vicino, poi scuote la testa un po' divertito e un po' commosso dalla teatralità dell'amico e scava con due dita nella terra. Ricopre il gambo oramai secco e lascia il quadrifoglio lì. Di nuovo in piedi, di nuovo vivo, apparentemente, a vigilare su quello spicchio di mondo.

A portar fortuna, forse, a qualcuno.

In your house I long to be
Room by room, patiently
I'll wait for you there like a stone
I'll wait for you there alone, alone

[Audioslave, *Like a Stone*]

3.
(Ab)

"Amore"

"Ab, Ab!"

"Sto per scendere dal treno"

"Lo so, ho guardato gli orari"
"Potrei morire di felicità,
tra poco"

"Ci vorrà ancora del tempo però"

"No"

"Perché no?"

"Mi troverai in stazione ad
aspettarti, arrivo tra pochissimo"
"Sto entrando in Italia"

"Cosa? Sei matta? E i tuoi..."

"...Shhht. Amore. Shhht."
"È la cosa più importante che ci
sia mai capitata"
"E ce la dobbiamo vivere
insieme"
"Ora facciamo come dico io"

"Forse morirò di felicità
prima io, allora"

Quando Ab aveva rimesso giù il telefono gli era rimasto un sorriso stampato in faccia – non riusciva a toglierselo, proprio. L'altoparlante del treno aveva annunciato che la stazione successiva sarebbe stata quella di Bardonecchia. Ab aveva restituito il telefono al signore, che si era alzato come lui. E che prima di scendere gli aveva chiesto, in un francese molto elementare, se volesse un passaggio – almeno ad Ab era parso di capire così. Ab non era riuscito a dire che ci sarebbe stato il suo "più bella cosa", che ci sarebbe stata Céline ad aspettarlo perché aveva la commozione che gli bloccava la voce in gola, e a quel punto aveva fatto semplicemente cenno di no con la testa, con uno sguardo pieno di riconoscenza. Per essersi fidato e avergli prestato il telefono, per l'impacciata proposta e per essersi accorto di lui, che in Italia si era sentito più un'ombra che altro, in questi tre giorni a ridosso del mare e poi delle Alpi. Ma ora stava per finire: ora sarebbe salito sul motorino di Céline e poi via verso la montagna – verso il futuro, oltre la frontiera.

Quelle ore infinite trascorse a Ventimiglia gli erano servite più di tanti anni a bazzicare per il mercato con zio Mohamed: Ab aveva imparato tanto, degli uomini che stanno più a nord e che assomigliano agli uomini più a sud in mezzo ai quali era cresciuto. Distratti e gentili, egoisti e attenti – gli esseri umani sono tutte queste cose insieme, e non sempre si rendono conto che i loro comportamenti possono influire sulle vite degli altri. In questo viaggio Ab aveva conosciuto l'incertezza, la speranza e la delusione. Ma anche la gratitudine, come per il signore che si era allontanato con il suo cane tutto allegro dietro, e che lo aveva salutato con la mano aperta dicendo *Bonne chance* – Buona fortuna! –, prima di sparire sotto il tunnel della stazione. E aveva conosciuto la paura, quando aveva camminato nella notte a Ventimiglia, per esempio, e tutte le volte che aveva avuto a che fare con degli uomini in divisa.

Non pensava che li avrebbe incontrati di nuovo, in realtà – non subito, almeno.

You're too tired
The fighting took long
And everyone knows
That nobody won
The rules have changed
Along the way

Forse Ab ha abbassato la guardia perché, dopo aver ricambiato il saluto al signore con un bel *Merci* – Grazie! –, rimane sul binario a guardarsi per un secondo le scarpe oramai di un grigio così scuro che potrebbe giurare non siano mai state bianche. Poi alza gli occhi e rivede la neve in cima ai monti, lassù.

Ora, dal bar della stazione sta uscendo il suono di una canzone e, di fronte a lui, c'è un poliziotto.

You took a step
Without looking back
But knowing too well
How it's going to end
You've reached the point
You can't pretend

Guardando quella specie di montagna umana in divisa con le gambe divaricate di fronte a lui, Ab sta solo pensando prima a una parola – Merda – e poi a due: Game Over.

4.
(Céline)

Quando ho messo giù il telefono, mentre uscivo dalla Valle Stretta e passavo a fianco al cippo di confine e poi al campo da golf, rientrando ancora una volta in Italia per scendere giù fino alla stazione, avevo solo bisogno di urlare la mia felicità. E l'ho fatto, tenendo il telefono in alto con la mano sinistra, verso le nuvole che stavano un po' al di qua e un po' al di là del confine, e accelerando con la destra. Sulla strada statale c'erano due di quei ragazzi che avevo visto sul Colle di Tenda e che poi mi avevano superato: camminavano nella direzione opposta, lentamente, uno appoggiato all'altro. Mi sono girata di scatto dalla sorpresa e per poco non sono finita fuori strada. Ho raddrizzato il motorino ma non ho fatto in tempo ad accorgermi della pattuglia che si era appostata appena dietro la curva. Quando mi hanno fermata avevo ancora il telefono in mano e stavo ancora urlando, forse. Non lo so, a dir la verità, perché ero davvero fuori di me, mi stava scoppiando il cuore.

I due poliziotti parlavano un francese decente, e più che altro mi hanno fatto il culo per la mia distrazione, ma alla fine i documenti erano in regola. E in fondo mi era andata bene che mi avessero fermata in quel momento lì. Solo che mi hanno rubato tempo prezioso: Ab sarebbe arrivato qualche minuto prima di me. Avevo il terrore di mancarlo in stazione.

In quei giorni avevo in testa una canzone che si chiama *(How It's Going to) End* e niente, è da non crederci come a volte la vita ti prenda in giro, ti sfidi. Secondo i miei calcoli Ab doveva essere arrivato da tre minuti e mezzo quando ho mollato il motorino davanti alla stazione per mettermi a correre e, dal bar, ho sentito uscire quella musica. Era la canzone che ascoltavo chiudendo gli occhi mentre Ab mi parlava da milleduecentonovantasei chilometri di distanza, prima che partisse per questo viaggio che chiunque definirebbe senza senso, ma che per me è la cosa più grande che qualcuno possa fare. Ogni volta che ci ho ripensato, mi si è stretto il cuore.

Believe when you're far
I will come around
I will come around

It hurts to part
When something precious is near
I don't wanna go
I don't wanna go

Il treno era appena arrivato, lo vedevo ancora fermo sul binario.

Mentre correvo nel sottopassaggio gridando "Ab!" dentro il casco, mi è tornata in mente la scena finale di un film in cui il protagonista scopre che il suo mondo gli sta stretto e vuole vivere per davvero, vuole scappare, andare a vedere cosa c'è oltre quel muro che lo tiene prigioniero. Pensavo che lo slogan del film era "How's it going to end?" e che, a furia di chiederci come andrà a finire la nostra vita, spesso ci dimentichiamo di viverla. E che a volte l'unica fine possibile è un nuovo inizio, che a volte ti sembra di stare in un videogioco e di ritrovarti sempre nello stesso punto. E quando appare la scritta Game Over – mi dicevo trascinata dall'euforia e pensando a tutte le volte che Ab non era riuscito a passare – puoi sempre riprovarci.

C'è sempre il pulsante Start Again, da qualche parte.

Se potessi far tornare indietro il mondo
Farei tornare poi senz'altro te
Per un attimo di eterno e di profondo
In cui tutto sembra, sembra e niente c'è

Tenersi stretto stretto in tasca il mondo
Per poi ridarlo un giorno solo a te
A te che non sei parte dell'immenso
Ma l'immenso che fa parte solo di te

[Negramaro, *L'immenso*]

5.
(Ab)

È alto almeno venti centimetri più di lui, e Ab non riesce a vedere lo stemma che c'è sul cappello. Tiene lo sguardo in alto, verso quell'uomo vestito di blu, ed è rapito dai bottoni della camicia. La mano tesa del poliziotto sottolinea con un gesto la domanda che ha appena fatto ad Ab: "Documenti". Ma Ab è inchiodato, immobile a chiedersi se si troverà di nuovo rinchiuso in una sala d'attesa, se stavolta sarà lui a essere deportato al Sud, se c'è qualcosa che si possa fare, in una situazione del genere. A chiedersi se buttarsi a terra, se stare fermo o se iniziare a correre e basta. A guardare, per un istante impercettibile, la fondina con dentro la pistola – a immaginare di stare in un gioco in cui di colpo l'uomo in divisa potrebbe essere lui, e il poliziotto a testa bassa a guardarsi le scarpe grigie e come il gendarme con i baffi del sogno è lui quello che deve scappare, è lui quello che ha paura.

Il poliziotto è, inspiegabilmente, solo.

Sembra spuntato dal nulla, e Ab si ritrova a pregare – e non lo fa mai – che sparisca come è apparso, che sia di nuovo tutto nella sua testa, che in realtà lui stia ancora dormendo su quel vagone. Che sia un sogno la canzone che sta finendo, che lo sia il vento freddo sul collo nonostante il cappuccio della felpa e l'edificio della stazione, che lo siano le voci della gente che si allontana verso il paese, che lo sia quel grido.

"Ab!"

Il grido no, quello deve essere vero, quello vuole che sia vero. Ab si sente invaso da una forza come non l'ha mai avuta, alza gli occhi sull'uomo in divisa davanti a lui, riguarda la mano tesa e la fondina con l'impugnatura della pistola che spunta, riguarda i bottoni e poi i suoi occhi. Di colpo, si accorge che non l'ha ancora fatto: non l'ha ancora guardato in faccia. Il poliziotto sembra fissarlo in modo triste, più che incazzato, e Ab coglie in fondo a quello sguardo qualcosa, forse una speranza. E allora fa un gesto semplice, immaginando di essere un po' più grande di quello che è. Alzando la voce, scandisce poche parole in arabo: congiunge le mani come aveva fatto con il signore che gli aveva prestato il telefono a Ventimiglia, ripensa al dizionario che c'è in fondo alla guida. Sulle guance gli scende qualche lacrima, ma il tono riesce a essere deciso.

"Per favore," dice in italiano.

"Ab!" in due lettere il tono di Céline si trasforma da preoccupato a felice, a spaventato. Ab scosta gli occhi da quelli del poliziotto, immobile come una fotografia, e la vede arrivare alle sue spalle. Ha ancora il casco in testa, e la testa fra le mani, ma gli occhi riescono comunque a sorridere.

6.
(Fra – Kappa)

Le ha scritte con la grafia del nonno. Sul cippo di confine ora ci sono due frasi in rosso: sembrano venire dal secolo scorso, eppure la vernice è ancora fresca. Kappa ha fatto un gran bel lavoro, c'è poco da dire.

#FuckTheBorders
#OpenBorders

******* alle frontiere, vuole dire la prima. La seconda sembra una speranza, forse un ordine, magari solo un sogno, quello di un mondo aperto, senza frontiere né confini.

"Sai, bro, come nella storia raccontata nel libro *Cent'anni di solitudine*, magari un giorno tutti si ricorderanno ancora cos'è un cippo, ma avranno dimenticato a cosa serve. E allora vedranno scritto che le frontiere devono restare aperte," ha detto Kappa a Francesco imboscando di nuovo la bomboletta e riprendendo lo zaino da terra.

Sulla via del ritorno, appoggiandosi alla spalla del suo amico di una vita, Francesco gli ha sorriso, incantato dalla sua sfacciataggine, dalla sua impudenza. E ora, che stanno preparando la cena, lo guarda muoversi tra gli amici di Lollo che iniziano a montare le griglie, mentre la luna sgomita per prendere il posto del sole, e lo osserva – ha le dita a tenere le maniche della felpa e gli occhi pieni di curiosità. Francesco pensa che Kappa ha l'entusiasmo di un bambino e la determinazione di un adulto, e si chiede se avrà mai lo stesso coraggio, lui. Non tanto di riempire di tag e slogan treni e cippi di confine, quanto di muoversi libero nel mondo, senza aver paura.

La fidanzata di Lollo si avvicina e inizia a parlare con loro, e allora Francesco, stringendosi a Martina, inizia a raccontarle la storia di nonno Dodo, della ragazza venuta da Bronte con cui il nonno aveva passato una notte d'amore a pochi passi da dove sono loro. Forse proprio lì, a voler essere a tutti i costi romantici.

"Chissà, magari sono stati dentro questa casa," aggiunge Martina.

"Non lo sapremo mai," risponde Francesco. La ragazza di Lollo li guarda come una sorella fa con i fratelli più piccoli, mentre Fra si rende conto che condividere con lei quelle storie è stato incredibilmente facile. Non le ha raccontato solo delle scritte sul cippo, perché è giusto che lo faccia Kappa, se vorrà. E neanche del quadrifoglio, a essere sinceri. Ha l'impressione che questo sia un segreto fra loro tre – Francesco, Kappa e nonno Dodo – e che a parlarne si potrebbe incrinare qualcosa. La fortuna, il destino, la storia di qualcun altro che passerà da lì, prima o poi. In quel punto – il confine – che sarà anche solo un simbolo, ma che per molti significa l'inizio, o la fine.

7.
(Céline)

Il poliziotto si era voltato di scatto, la mano era ancora tesa verso Ab. E mi guardava. Io ero paralizzata dalla paura. Avevo quella sensazione che ti è stata descritta milioni di volte ma che capisci solo quando la vivi. Non riuscivo a togliermi il casco, né a fare un passo verso Ab, che avevo aspettato per così tanto tempo. La mia prof una volta a scuola mi aveva spiegato che quando le persone si trovano in difficoltà spesso devono saper decidere in un attimo. Le avevo chiesto perché la gente non si ribellasse quando venivano arrestati gli ebrei, prima di essere deportati. Lei mi aveva risposto che all'epoca non tutti sapevano, poi mi aveva detto questa cosa. Ormai ci penso ogni giorno, a questa strana forma di paura. Lo so che ogni situazione è diversa, che qui non c'è una guerra né uno sterminio, ma so anche che non stavamo facendo niente di male, so che continuo a non capire perché in tutta Europa si schierino migliaia di uomini in divisa per impedire alle persone di viaggiare. Posso capire quasi tutto, penso, ma questo non lo capirò mai.

Fatto sta che il mio corpo era immobile, ma riuscivo a scannerizzare le emozioni di Ab. Era come se ci fosse un tubo, un cavo o chessò, che ci collegava. Sono certa che ha anche pensato di scappare, o forse persino di fare qualche "imprudenza", come direbbe mia madre. Ma ha continuato a tenere i suoi occhi fissi nei miei. Qualcuno avrebbe dovuto fotografare la scena: due ragazzi a cinque o sei passi di distanza che si guardano, e in mezzo un gigante in divisa con la mano tesa verso uno e il collo girato verso l'altra. Nella mia memoria questa scena sarà durata mezz'ora, in realtà non può che essere stata di qualche secondo. Avevo immaginato il nostro incontro in almeno milleduecentonovantasei modi, tanti quanti i chilometri che mi avevano separato da Ab per mesi, ma nessuno di quei modi incominciava così.

Il poliziotto ha abbassato la mano, sfiorando la fondina. Si è schiarito la voce.

"Buona fortuna," ha detto dandomi le spalle, di nuovo rivolto verso Ab. Ho visto i suoi occhi neri riempirsi di lacrime mentre sussurrava "Inshallah".

Poi, il poliziotto si è girato di scatto, e mi è passato vicino per tornare nel sottopassaggio.

"Arrivederci," mi ha detto portandosi la mano al cappello.

Sono rimasta qualche secondo ancora ferma e incredula, mentre Ab faceva due passi verso di me. Mi tremavano le gambe dall'emozione: lì ho finalmente capito la sua espressione "il cuore che neanche una batteria".

I milleduecentonovantasei modi in cui avevo immaginato la scena avevano però tutti la stessa fine, come è andato poi nella realtà. E nessuno potrà mai togliermi questo ricordo. Con il rumore dei passi del poliziotto che si allontanava a fare da sottofondo, ho buttato il casco per terra e sono saltata al collo di Ab, ridendo.

Lungo i confini, troverete sempre i soldati. Soldati dell'una e dell'altra parte, con diverse uniformi e differente linguaggio. Ma quassù, dove la solitudine è grande, gli uomini sono meno soli, e certamente più vicini che per le vie e nei caffè delle nostre città, dove la gente si urta e si mescola senza guardarsi in faccia. Lo scambio di una sigaretta, l'offerta di un sorso di vino, hanno quassù un senso vero di calore umano, esprimono un bisogno di fraternità che sovente gli uomini dimenticano, ma che sempre fermenta nei loro cuori.
Perché i confini sono tracciati sulle carte, ma sulla Terra come Dio la fece, per quanto si percorrano i mari, per quanto si cerchi e si frughi lungo il corso dei fiumi e sui crinali delle montagne, non ci sono confini, su questa Terra.

[da *Il cammino della speranza* di Pietro Germi, Italia 1950]

8.
(Fra – Kappa)

Si era fatto tardi, avevano mangiato e cantato sotto le stelle.

Gli amici di Lollo a un certo punto avevano intonato delle canzoni partigiane, perché due giorni dopo sarebbe stato l'anniversario della Liberazione dal nazifascismo. Tenevano i pugni chiusi per aria trafiggendo il silenzio, sembrava di viaggiare nel tempo. I loro telefoni erano tutti in casa, e il fuoco delle griglie che andava spegnendosi pareva seguire il ritmo delle corde. Poi Kappa si era avvicinato a quello che suonava la chitarra e gli aveva sussurrato qualcosa nell'orecchio e allora era partito un coro di auguri a Francesco che sembrava fatto da una banda di ubriaconi e Alessia e Andrea ridevano e Martina gli teneva la mano. E in fondo era in viaggio per il suo compleanno e se l'era promesso con Kappa, e forse era qua che si incominciava a esistere, a essere grandi veramente, seduti in cerchio su un prato con un gruppo di giovani adulti che cantavano a squarciagola *Don Chisciotte* di Guccini e alzavano qualche pugno al cielo, decisamente commossi.

Ma anche ammesso che il coraggio mi cancelli la pigrizia
Riusciremo noi da soli a riportare la giustizia

In un mondo dove il male è di casa
E ha vinto sempre

Kappa si era addormentato vicino a una griglia con i piedi sul suo zaino e un cappello recuperato chissà dove calato in faccia, e Francesco aveva dormito in tenda con Martina. Erano rimasti incollati tutta la notte, come se avessero paura di perdersi, come se sapessero che proprio lì vicino, nel giardino di un casolare deserto, a pochi centinaia di metri dalla frontiera, c'erano Ab e Céline, un amore acerbo e potente – un amore che inizia. Che può essere fragile a volte, forse lo è sempre, ma è dannatamente in pericolo se lo ostacolano le leggi degli uomini.

9.
(Céline)

Dove vivo io non si vedono mai le stelle.

Il Grande Carro, lassù, sembrava dirci che ognuno può andare dove gli pare. Abbiamo mangiato la focaccia che avevo comprato prima di venire a prendere Ab, abbiamo parlato fino a quando non inizi a sognare a metà delle frasi, poi siamo rimasti abbracciati tutta la notte. Lui era distrutto, e si è addormentato sull'incavo tra la mia spalla e il collo. Ci siamo svegliati che era già giorno da un po', praticamente attorcigliati. La prima frase che mi ha detto appena ha aperto gli occhi è stata: "Non capisco dove inizi tu e dove finisco io".

Io avevo il telefono spento da ore, sapevo che i miei erano preoccupati e avevo fretta di tornare in Francia. Ci siamo allontanati dalle ultime case, verso il confine. Il sole mi scaldava le braccia, ma sentivo Ab che cercava di non tremare, mentre le sue mani stringevano i miei fianchi. Ora avremmo potuto scoprire passo dopo passo quanto era indistruttibile il nostro amore: a distanza avevamo provato a conoscere cosa ci rendeva felici e cosa ci spaventava, i nostri sogni e le nostre paure. Credevo di sapere tutto di Ab, probabilmente conoscevo meglio lui di me stessa. Io avevo imparato a nascondermi dietro il mio silenzio, a interpretare le emozioni degli altri più che le mie. Stavo pensando a queste cose, quando abbiamo visto la macchina della polizia sul lato della strada, poco oltre la macchina rossa che aveva appena svoltato sulla statale, cento metri davanti a noi. I due poliziotti erano in piedi, e facevano cenno di accostare.

10.
(Fra – Kappa e tutta la banda, o forse semplicemente Fra, solo con se stesso)

Quando era arrivato il sole sulla tenda e aveva iniziato a fare caldo, Francesco e Martina erano andati a fare colazione al bar alla partenza della seggiovia. Francesco zoppicava ancora vistosamente, ma riusciva a muovere meglio la gamba. C'era un po' di gente sulle sdraio, qualche bambino che giocava – la vita scorreva serena, a pochi metri da Céline e Ab.

Erano tornati con calma verso casa di Lollo a metà mattinata, e avevano trovato Kappa, Andrea e Alessia appoggiati alla macchina rossa di Martina.

"Vogliono vedere il cippo, bomber," aveva detto trionfante Kappa a Francesco.

"...il cippo o quello che c'è sopra?" aveva chiesto Francesco, guardando il suo amico con aria interrogativa e complice.

"Gli ho detto che sembra una lapide," aveva risposto Kappa con uno dei suoi mezzi occhiolini che a Francesco ricordavano sempre di più quelli di nonno Dodo quando diceva "Rimanga tra noi".

"Ok, andiamo," aveva detto Francesco, aprendo la portiera di sinistra. "Guido io, però."

"Come, ma il ginocchio? E poi non hai ancora la pat..." aveva provato a intervenire Martina.

"...dai, saranno trecento metri."

"Stiamo-comunque-festeggiando-l'ora-X!" aveva concluso Kappa d'un fiato.

Martina non sembrava entusiasta, ma aveva accettato. Per salire fin sulla statale la macchina si era spenta un paio di volte, poi Francesco aveva svoltato a sinistra e aveva dato un po' di gas. Un istante dopo, Kappa aveva urlato, dal sedile di fianco:

"'Orca trota!".

La pattuglia aveva alzato la paletta, e Francesco aveva dovuto accostare, rischiando pure di finire nel fosso da quanto si era preso male. Mentre i due poliziotti si avvicinavano alla macchina di Martina, mentre Alessia e Andrea erano senza parole e Kappa borbottava tutte le parolacce che aveva imparato negli ultimi diciotto anni di vita, mentre Francesco si malediceva per la ********* che aveva appena fatto, si era sentito il rumore di un motorino.

Aveva staccato gli occhi dalle divise di quei due uomini sulla cinquantina, e aveva visto il motorino rallentare alla sua sinistra. Uno dei due poliziotti pareva indeciso – chissà, forse voleva fermare anche loro. Alla guida c'era una ragazza, per Francesco non era una faccia nuova. Alle sue spalle, aggrappato come se avesse paura di cadere, un ragazzo che avrà avuto la sua età, forse qualche mese di meno. Ci aveva messo un attimo, a riconoscerlo. Ma certo. Le scarpe. Le aveva viste in stazione, quando lui e Kappa erano partiti per questo viaggio per andare a vedere com'è fatta una frontiera. Il ragazzo sembrava quasi che ci parlasse, seduto a gambe incrociate sulla panchina, vicino al binario. Francesco aveva scambiato con lui un cenno di saluto, poi, alla stazione di Borgo San Dalmazzo, troppo concentrato su quello che stava per vivere per rendersi conto che forse avrebbe potuto rivolgergli la parola. Ora le scarpe erano diventate quasi nere, come gli occhi del ragazzo che, mentre il motorino scivolava oltre il muso della macchina rossa, si era girato a guardarlo. Dondolava leggermente la testa con gli occhi socchiusi, come se stesse pregando che quell'uomo in divisa con il braccio in alto cambiasse idea e lo lasciasse passare.

Francesco, d'un tratto, aveva capito.

Non tutto, certo, ma molto.

Aveva fatto una cosa degna di Kappa, forse. Nel momento in cui sembra sempre che il mondo si fermi, nell'attimo in cui una parte di lui stava già sentendo le urla della Suprema Controllora al ritorno a casa ma l'altra parte si stava dicendo che forse, forse, il suo gesto avrebbe potuto far curvare leggermente il destino, aveva aperto il palmo della mano e l'aveva piazzato con forza sul clacson. I due poliziotti avevano fatto un mezzo salto indietro e poi si erano precipitati goffamente verso la macchina sbraitando chissà che cosa, e niente, il tempo aveva ricominciato a scorrere come è giusto che scorra, ma non prima che Francesco, pensando anche un po' a nonno Dodo, sussurrasse verso il ragazzo con gli occhi neri e le scarpe sudicie, gli sussurrasse piano piano, come se potesse sentirlo.

"Buon viaggio, amico."

Non prima che Kappa, che aveva capito tutto al volo, come sempre, dicesse a voce un po' più alta, facendo un inchino al suo amico diventato grande per davvero con un colpo di clacson.

"Inshallah."

It's times like these you learn to live again
It's times like these you give and give again
It's times like these you learn to love again
It's times like these time and time again

[Foo Fighters, *Times Like These*]

11.
(Ab)

Il coraggio e la paura, Ab non li avrebbe più dimenticati.

Si nascondono in tutti e in ciascuno, li aveva visti in ogni sguardo che aveva incontrato, in questo spicchio di Europa che criminalizza la solidarietà e che gioca con il futuro dei ragazzi come lui, quasi non ci fossero di mezzo delle vite umane. Aveva visto il coraggio e la paura innanzitutto dentro se stesso, e poi in tutti gli altri. La cosa che non si aspettava, forse, era di vedere la paura anche negli occhi di Céline, quando era apparsa alle spalle di quel gigante che era stato l'unico, fra tutti gli uomini in divisa che aveva incontrato, a mostrare un po' di umanità. Aveva sentito la paura di Céline anche il giorno dopo, quando quel folle colpo di clacson li aveva forse salvati all'ultimo secondo – aveva sentito il busto di Céline irrigidirsi, e aveva visto tutto quello che sarebbe potuto succedere.

Era riuscito a passare, a differenza di molti suoi coetanei che in quei mesi erano morti su tutto l'arco alpino, da Ventimiglia all'alta Val di Susa al Brennero, all'estremo opposto delle montagne. Due giorni dopo essere passato, Ab aveva compiuto diciott'anni. In Francia, lui e Céline avevano poi conosciuto un gruppo di ragazzi che stava organizzando una marcia per protestare contro la militarizzazione della frontiera: proprio dove loro l'avevano bruciata al suono di un colpo di clacson, cercando di sfuggire ai gendarmi francesi erano morti due ragazzi. I francesi che lottavano per cambiare la situazione si sentivano in colpa, come se la responsabilità fosse loro. Chiedevano scusa, con gli occhi pieni di rabbia e di dolore.

Mentre si allontanava definitivamente dalla frontiera, Ab stava male per loro, pensava che dev'essere una merda, vivere così, con il senso di colpa per una colpa che non puoi avere, quella di essere nato nel lato giusto del mondo. Sul versante di una frontiera che ogni giorno si crepa di più e diventa una ferita nella quale cadono troppo spesso giovani vite di ragazzi come lui che, in fondo, non vogliono che viaggiare. E pensava anche che è una merda, morire così, nel grande gioco della frontiera, dove esiste il Game Over ma non esiste lo Start Again, dove se ti va bene puoi rimanere incagliato per giorni, settimane, mesi, anni, e non ti resta che manifestare, come gli hanno detto che avevano fatto a Ventimiglia, non ti resta che dire Noi non torneremo indietro.

We are not going back – Outro

0.
(Fra)

"Un tristissimo rimpatrio, un ingiusto rimpatrio, come sono tristi e ingiusti tutti i rimpatri. Serva a noi di lezione questo momento di dolore che ci coinvolge e tocca il nostro cuore." Il prete scandiva le parole, con partecipazione e sofferenza. Dal fondo della chiesa di Sant'Antonio, a Ventimiglia, si sentiva il pianto di un bambino – quel suono che non ha ancora una nazionalità, un passaporto, e che parla tutte le lingue del mondo.

Erano scivolati via sei mesi da quando Ab era passato di lì, con le scarpe di un grigio che ancora ricordava il bianco, vagamente. Francesco non riusciva a staccare gli occhi dalla pianta alle spalle del sacerdote – non riusciva a smettere di pensare all'immobilità. Delle piante, anche, ma soprattutto degli esseri umani come lui.

Il rimpatrio di cui parlava il prete era quello della salma di Mjmelet, una ragazza eritrea che era morta pochi giorni prima, investita da un camion sull'autostrada. Francesco aveva visto una sua foto: i capelli scuri raccolti sopra la nuca, le mani nelle tasche di una giacca blu con il cappuccio, e un sorriso amaro nell'obbiettivo.

Come se sapesse, tipo.

"Mjmelet è una vittima del regime ingiusto del suo paese, dal quale è scappata. Un paese che tutti conoscono, ma di cui nessuno si occupa. Mjmelet è una vittima delle nostre frontiere, tanto legali quanto ingiuste, quando vengono sbattute in faccia alle persone e si chiudono inesorabilmente dinnanzi al loro grido di aiuto."

Francesco aveva cercato di trattenere le lacrime perché chi era, lui, per permettersi di piangere di fronte ai familiari di Mjmelet, che l'avevano vista morire? Chi era, lui, che stava immobile a guardare tutto questo schifo? Chi era, lui, si chiedeva mordendosi l'interno delle guance – chi era davvero Francesco? Si era accorto all'ultimo momento che avrebbe potuto fare qualcosa, è vero, e chissà se quel gesto era servito al ragazzo dalle scarpe e dagli occhi neri o se l'avevano fermato qualche chilometro più in là, o qualche giorno dopo. Ma era troppo poco, aveva pensato Francesco.

"Mjmelet è la vittima di una società che si dice civile, che sbandiera principi, quelli della fraternità, della libertà, dell'uguaglianza, principi in nome dei quali sono state perseguitate e uccise delle persone. Principi che non vengono applicati in maniera uguale per tutti. Ci sono coloro che sono più fratelli, più liberi e più uguali degli altri. Questa è una ingiustizia di cui la nostra civiltà si deve vergognare. Mjmelet è una vittima dei tanti fascicoli che giacciono per troppo tempo sui tavoli di coloro che hanno responsabilità, di procedure ingiuste che diventano una dilazione nel dare giustizia ai poveri che chiedono aiuto."

Il funerale era stato celebrato nella stessa chiesa in cui Mjmelet aveva dormito la notte prima di morire, avevano detto a Francesco. Quando era stata investita, Mjmelet era a pochi passi dalla Francia – era quasi riuscita a bruciare la frontiera.

1.
(Céline)

Non ho dormito per settimane, dopo quel momento.

Per un attimo, prima che il ragazzo italiano con il cappuccio distraesse il poliziotto, so cosa ha pensato una parte di me. È così doloroso che non riesco a parlarne ancora neanche con me stessa. Ma un giorno ce la farò, lo giuro.

Per ora ho preso una decisione.

Ab mi ha detto che c'è un agricoltore francese, dalle parti di Sospel, che usa casa sua per far passare tutti i ragazzi che vogliono. So che inventa strategie diverse in continuazione, e ho deciso di mettermi a disposizione: il primo anno all'università non mi impegna ancora moltissimo e appena posso salto sul motorino e vengo dalle parti di Ventimiglia o di Sospel a dare una mano. Ci tengono d'occhio, qui, non è facile fare molto, ma a volte carico un po' di roba sulla macchina e faccio un giro di rifornimenti: serve sempre qualcosa. Un giorno ho deciso di prendermi mezz'ora per fare un bagno al mare. E li ho visti di nuovo, quei due. C'erano dei lavori in corso: a Ventimiglia, a pochi chilometri dai Balzi Rossi, dove c'è la frontiera, ci sarà un grande porto. Ed è una vergogna, una specie di scherzo del destino, se ci si pensa bene. Comunque, loro erano su una panchina di fronte a un albergo dove erano seduti due poliziotti, con le facce perse nei loro cellulari, davanti a un fondo di caffè. Il proprietario del bar guardava a tratti i poliziotti e a tratti i due ragazzi. Ero a pochi passi da loro, sapevo che non avrebbero mai potuto riconoscermi. E allora li ho osservati un po'. Stavano lunghi minuti in silenzio e poi uno dei due diceva qualcosa. L'altro a volte rispondeva, a volte no. Sembravano nati appollaiati su una panchina, gli zaini buttati a terra ai loro piedi. A un certo punto quello più grosso dei due, e più matto, si è tolto la maglietta e ha iniziato a correre verso il mare urlando semplicemente "Libertààààààààààààààààààà". I poliziotti hanno alzato gli occhi dai telefoni, l'hanno guardato e hanno scosso la testa.

L'altro ragazzo mi ha guardato e ha sorriso, alzando un pugno al cielo.

Ho sorriso anche io e sono tornata verso casa, dove mi aspettava Ab. Di me e di lui ho già scritto molto, forse troppo, ed è giusto che quello che succederà rimanga dove deve stare: tra noi, nel futuro.

2.
(Fra – Kappa)

Quando Kappa si toglie la maglietta e scende di corsa nei pochi metri di spiaggia libera che non sono ancora stati mangiati dagli stabilimenti, Francesco ride. Kappa inizia a correre saltellando verso il mare grosso, e lui rimane seduto all'ombra sulla panchina, l'ultima prima del porto in costruzione. Sente che qualcuno lo sta fissando: si gira e vede alle sue spalle due poliziotti che hanno appena scosso la testa guardando Kappa. Mentre il grido del suo amico di una vita ancora risuona nella spiaggia deserta, qualche metro alla destra dei poliziotti c'è una ragazza che a Francesco sembra di aver già visto da qualche parte. Le sorride e alza il pugno al cielo, pensando che si saranno incontrati tra i militanti di Ventimiglia, per forza. Lei ricambia il sorriso, e si allontana.

Sui pannelli che coprono i lavori in corso, di fronte a lui, ci sono delle poesie stampate a caratteri grandi. Francesco, dopo aver cercato carta e penna nello zaino, si alza e – prima di mettersi a scrivere – ne legge una.

E andando nel sole che abbaglia
sentire con triste meraviglia
com'è tutta la vita e il suo travaglio
in questo seguitare una muraglia
che ha in cima cozzi aguzzi di bottiglia.

[*Eugenio Montale,* Ossi di Seppia, *1925*]

3.
(Fra)

Caro Gianluca,

penso di doverti una lettera anche io, da mesi. Ti ho raccontato delle cose a voce, ma non basta. Non sarà lunga, credo, ma certe cose bisogna dirsele e bisogna vederle scritte.

Avrei potuto.

Avrei voluto.

*Da settimane penso solo a queste due frasi (sono frasi?), penso che la vita mi abbia dato più volte l'occasione per fare qualcosa di importante, nei giorni in cui ero con Kappa nel nostro giro dell'ora X. Ero concentrato sui ***** miei, pensavo a ricollegare i fili della mia memoria, e per poco neanche mi accorgevo che mi stava capitando quella cosa dei "nuovi occhi" che mi hai scritto tu. La storia di nonno Dodo è stata una roba potente, sai, così come quella di Ernestyna e Isaak che ci ha raccontato Cristina e come quella di Paul che ci hai fatto leggere tu. E le* *sentivo così vicine che facevano male, tipo quel viaggio ad Auschwitz che non dimenticherò mai. Se ci fossero più uomini come Paul, mi dicevo, se ci fossero più uomini in divisa disposti a infrangere la legge quando è ingiusta, metterebbero in crisi il sistema. È forse per questo, se ho capito bene, che la memoria di Paul è stata a lungo dannata, in Svizzera. Non era sbagliato, credo, ma vedevo il male sempre fuori di me e non riuscivo a vedere quello che mi capitava intorno. Il fatto è che, forse, non sei tu che inizi a esistere quando diventi grande, ma sono gli altri. È che inizi a vederli veramente, intendo. E c'era questo ragazzo, con le scarpe sempre più sporche e che adesso che ci ripenso mi sembra che ogni volta che l'ho visto fosse più curvo, che evidentemente voleva fare la stessa cosa che facevano gli ebrei in fuga e poi gli italiani clandestini. Voleva aspettare il posto e il momento giusto per passare. Che non è detto che arrivino.*

La verità, vuoi saperla? È che secondo me per la maggior parte di noi questi ragazzi sono come delle ombre. E dobbiamo imparare a vederli, prima ancora che a batterci per non accettare che i loro diritti siano inferiori ai nostri (come diceva il cartello a Borgo San Dalmazzo). Ti ricordi cosa aveva risposto una ragazza a Cracovia alla domanda se si può disobbedire a una legge che riteniamo ingiusta? Mi aveva colpito tantissimo. Aveva detto che si può e si deve, purché non sia per ottenere qualcosa per noi stessi, dei vantaggi personali. Purché si faccia in difesa di altri, per difendere diritti che riteniamo universali, di tutti. E hai ragione, Gianlu, la storia possiamo provare a farla anche noi, ed è per questo che ti sto scrivendo da Ventimiglia, dove sono già venuto un paio di volte, dove ho visto anche un funerale tristissimo di una ragazza di pochi mesi più giovane di me, e dove oggi ho portato anche Kappa. Non so se quando mi hai dato quella mappa disegnata dal signore ebreo in fuga avevi previsto tutto questo, ma il fatto è che sono qua.

Ora, sai che bordello è successo dopo quella scena sopra Bar-

donecchia, la denuncia eccetera. I miei mi volevano ammazzare, ora ci sarà tutto il casino con il tribunale, e speriamo che si risolva. Se no, mi assumo comunque le mie responsabilità. Come direbbe Paul: "Lo rifarei". Ma in ogni caso non volevo dirti questo, ma che quando stavo sclerando, l'ultima volta che ci siamo visti, tu mi hai detto che forse io penso che la vita sia un rettilineo che possiamo percorrere anche fino a schiantarci e che invece tu la vedi oramai come una curva. In questi giorni forse ho capito cosa intendevi dire. Mi guardo alle spalle ed è come se vedessi da fuori le cose che ho fatto. È come se vedessi quello che sono stato, sulla curva prima, e quello che voglio essere da grande sulla curva dopo, al di là di sta ********* dei diciott'anni. E te lo dico.

Sono fortunato ma mi sento cittadino del mondo, e lo rivendico, come rivendico il mio diritto a sognare questo mondo spalancato, per tutti. E in questo mi sento sempre meno solo.

Sogno un mondo aperto, senza confini né frontiere.

E, lo sai, come diceva il vecchio Walt (ce l'ho pure tatuato sul braccio) e il grande nonno Dodo: se posso sognarlo posso farlo. Possiamo farlo. E lo faremo.

4.
(Fra – Kappa)

È ripida, la salita, e Francesco sta iniziando a sudare come Kappa quando l'aveva preso in spalla, lassù, e sbuffava quanto un cinghiale. Issandosi sui pedali, Francesco ripensa a quando – prima che lui si facesse male – avevano guardato le montagne dall'alto e c'era questo cielo scuro ma la luce era fortissima e accecava quasi e loro riuscivano a malapena a guardare verso il fondovalle. E lui aveva tirato su il cappuccio e si era accorto che c'era un lago e aveva pensato a quello che vediamo e a quello che neanche sappiamo che esiste finché non raggiungiamo una vetta, o non superiamo una curva. Riesce a tenere i piedi su, la bici è quasi ferma ma continua a muoversi e Francesco pensa che ce la può fare, è quasi arrivato, o forse è la scuola che si avvicina – come quando sei su un treno e non capisci se sta partendo il tuo o quello di fianco. Rimane per un attimo immobile, la forza di gravità lo inchioda al terreno, poi riparte. Dieci, venti, trenta metri. Lento, una pedalata dopo l'altra, Francesco arriva in cima.

A scuola oggi non ci deve andare: era più che altro per capire se ce l'avrebbe fatta, prima di tornare sulla panchina Numerozero, in attesa di scorgere da lontano la rassicurante sagoma di Kappa appollaiato sullo schienale, la sua bici e il suo zaino buttati a terra e le sue bombolette che prima o poi lo faranno arrestare se non diventerà un artista, invece.

Francesco prende fiato, poi solleva la bici e se la carica sulle spalle. Non ha alcun senso, lo sa, ma il racconto del pastore, quello del tizio che scendeva portando la bici a mano gli è rimasto lì – in realtà tutto gli è rimasto un po' lì. Quei giorni tra le montagne, e poi i mesi dopo, in cui disordinatamente gli è venuto da buttarsi, ha avuto il bisogno di andare a vedere l'aria che tira a Ventimiglia, ha capito che quella frontiera è anche una roba sua, in qualche modo. Con Kappa ora devono parlare del futuro, che non lo fanno mai come si deve: quando il suo amico gliel'ha detto ci ha infilato dentro un "a prescindere" un po' a casaccio, per sottolineare come questa faccenda del futuro sia una roba seria.

Non sa esattamente di cosa parleranno, e forse è anche giusto così: sa solo che Kappa ha bofonchiato sillabe in libertà come "Europa" e "università" e "confini" ed era sicuro di avere pure sentito le parole "cambiare" e "mondo" nella stessa frase, ma poi ci ha ripensato e Kappa non può averlo detto, questo, dai. Comunque, mentre erano al telefono, prima, Francesco continuava a pensare a quello che aveva scritto a nonno Dodo da Ventimiglia, guardando il mare, alla lettera che si chiudeva con "rimanga tra noi".

La storia rimasta alle loro spalle, pensa Francesco sbuffando sotto la bici, vedendo apparire al fondo della discesa la Numerozero, è un gran casino, disordinata e piena di cose come spesso è la vita – forse riusciranno a farci qualcosa. È che ora vorrebbero dare una direzione secca, al futuro. O almeno provarci, ecco.

"Bro."
"Ehi."
"Che si fa?"

5.
(Fra)

Caro nonno Dodo,

non è facile ora che non ci sei più, ma adesso sono io che scrivo a te. È bello e triste ricordare tutto il tempo che abbiamo passato insieme, i tuoi occhi sempre pieni di voglia di vivere, anche quando l'ossigeno iniziava a mancarti, è stupendo ricordare il tuo sorriso quando ti raccontavo delle mie vacanze, delle mie partite, dei miei amici, della mia vita. Di Martina, negli ultimi anni.

La mia vita ora è più difficile, senza di te. Prima che te ne andassi pensavo che ci saresti sempre stato, a canticchiare le canzoni degli alpini, pensavo che ci saremmo sempre accesi la pipa insieme, che avresti sempre camminato verso il fiume con quelle gambe arrossate dal sole e con Bronte Terzo a scodinzolare alle tue spalle. Pensavo che saresti stato al mio fianco, in ogni mia scelta. E invece ora devo fare da solo. Cioè non sono davvero solo, ho un sacco di amici e di persone intorno che mi sostengono, mi danno forza. Alcuni li hai conosciuti, altri (come Gianluca) non li conoscerai mai. Volevo solo che tu sapessi che ho ricollegato i fili della mia memoria, anche grazie a te, e che ora questa lettera finirà nel mare dove si è appena lanciato Kappa urlando Libertààààààààààààààààà. Ti avrebbe fatto molto ridere, credo.

Venendo alle cose serie: ho fatto quello che mi hai chiesto e forse il quadrifoglio ha portato fortuna per davvero a qualcuno. Ho fatto la pace con le tue montagne per te. E ora sono qui in riva al mare, e vorrei che questa lettera arrivasse in Francia e poi tornasse in Italia e poi viaggiasse ancora per mille chilometri avanti e indietro, prendendo in giro le frontiere che in passato hanno fatto tanto male alla gente e che continuano a farlo.

Avevi ragione: mi è servita, la tua storia.

E vorrei chiudere questa lettera con una frase che Kappa ha scritto vicino al tuo quadrifoglio e che credo diventerà un po' il mio motto. Però, nonno, che rimanga tra noi.

#FuckTheBorders

Ti voglio bene,
il tuo Franceschino

Tonight, we are young
So let's set the world on fire
We can burn brighter
Than the sun

[Fun. feat. Janelle Monáe, *We Are Young*]

Il presente è la storia

"Confine" diceva il cartello.
Cercai la dogana. Non c'era.
Non vidi, dietro il cancello,
ombre di terra straniera.

[Giorgio Caproni, *Falsa indicazione*,
in *Il muro della terra*, 1975]

Tutti questi chilometri per ritrovarmi qui.
"Passerà", mi dicevo, questa vita rasoterra,
dove mi nascondevo come un criminale.
Vivevo nella penombra,
aspettando un domani
che non arrivava mai.

[Saloua Ben Abda e Wissem El-Abed,
Harragas. Les brûleurs de frontières, 2010]

È da tempo che cerco di seguire cosa accade intorno a quello scorcio di frontiera tra Ventimiglia – il mare – e l'arco alpino che lì comincia e prosegue fino alla sponda dell'Adriatico. La prima parte di quella specie di filastrocca che si usava, e forse si usa ancora, per imparare i nomi delle varie Alpi nelle scuole al di qua del confine: "Ma con gran pena le recano giù" (Marittime, Cozie, Graie, Pennine, Lepontine, Retiche, Carniche, Noriche, Giulie). Non so se le abbiano studiate a scuola Francesco e Kappa, i due personaggi che avete conosciuto e che esistevano già nel libro che precede questo, *Non restare indietro*. Dentro di loro ci sono tanti ragazzi che ho incontrato in questi anni e ci sono in parte anche io, così come mi riconosco un po' in Gianluca e in Lollo, i due "fratelli maggiori" di questa storia in cui Fra e Kappa iniziano a essere grandi per davvero.

È da tempo che cerco di seguire cosa accade a pochi chilometri da noi, dicevo, non da troppo lontano ma neanche da troppo vicino: è solo "con gran pena" che ci si può avvicinare a questo presente doloroso, che fa delle rime spaventose, come dice la Elena di *Non restare indietro*, con le storie degli anni trenta, poi quaranta, poi cinquanta. E via, come se la frontiera fosse una porta girevole che a un certo punto ti si chiude intorno – così direbbe nonno Dodo.

A proposito: lui non esiste. O meglio, in lui ci sono tanti pezzi del mio, di nonno, che però era nato nel 1926 e aveva preso parte alla Resistenza e mi portava sempre in montagna – a Limone Piemonte, tra le fortificazioni, dove Francesco e Kappa hanno dormito la prima notte – e mi cantava le canzoni degli alpini. E suo padre faceva veramente il capostazione, ma non così a ridosso della frontiera.

La storia di Ab e Céline ha preso invece forma grazie al confronto con due grandi amici che si occupano di queste cose da tanto tempo: Giacomo Donadio – con il quale ho iniziato a immaginare i due personaggi – e Ruben B., che è stato il primo editor di *Bruciare la frontiera*, aiutandomi a rendere il libro più solido. Più vero, almeno per me. Ruben mi ha anche accompagnato di persona a Ventimiglia, dove il tempo passato con Daniel Delministro è valso quanto le tante letture che ho affrontato per dare l'impalcatura a questa storia.

A parte gli innumerevoli incontri, diversi libri sono stati fondamentali per tessere la trama del romanzo, che è composto da tanti pezzi di realtà. La citazione di Oscar Wilde nel capitolo *L'ora X* l'ho trovata – e l'ho ritradotta – nel libro *Viaggio nel Mediterraneo. La costruzione di un paesaggio attraverso l'iconografia dello spazio architettonico*, LetteraVentidue,

Siracusa 2016. Il bar di Ventimiglia che accoglie i migranti esiste, ed è salito agli onori della cronaca quando è stato anche raccontato da vari giornali nazionali: si chiama Bar Hobbit.

La guida che Ab si trova tra le mani, e che in qualche modo lo aiuta in alcuni punti del suo viaggio, è *Welcome to Italy*, scritta da Davide Carnemolla per la rete Welcome to Europe. Grazie a una serie di incontri con diversi militanti no-border e con Carovane Migranti, il Gruppo Feltrinelli – attraverso l'associazione Il Razzismo è una brutta storia – ha accettato di stamparne ventimila copie in varie lingue, e molte sono finite o finiranno nelle mani di ragazzi come Ab. È anche così che si prova a scrivere la storia.

Nel capitolo *La Porta,* Cristina racconta a Francesco e a Kappa la drammatica vicenda di Ernestyna e Isaak. In alcuni testi si trovano tracce della loro epopea, della quale ho scritto anche nel racconto *Andrà tutto bene*, in uscita in una raccolta della casa editrice La Giuntina a cinquant'anni dalle leggi razziali. Fondamentali sono stati il libro di Adriana Muncinelli ed Elena Fallo (che ringrazio di cuore) dal titolo *Oltre il nome. Storia degli ebrei stranieri deportati dal campo di Borgo San Dalmazzo*, Le Château Edizioni, Aosta 2016 e il libro di Paolo Veziano, *Ombre al confine. L'espatrio clandestino degli ebrei stranieri dalla Riviera dei Fiori alla Costa Azzurra 1938-1940*, Fusta Editore, Saluzzo 2014 (I ed. 2001), così come il documentario di André Waksman, *1943. Le temps d'un répit / Il tempo di una tregua* (Francia-Italia 2009). Il Memoriale che Cristina mostra a Francesco e Kappa esiste realmente, ed è alla stazione di Borgo San Dalmazzo.

Anche tutte le vicende di contorno alla storia della ragazza di Bronte sono reali. Il libro di Sandro Rinaudo *Il cammino della speranza. L'emigrazione clandestina degli italiani nel secondo dopoguerra* (Einaudi, Torino 2009) è stato fondamentale per scrivere la lettera di nonno Dodo, così come lo è stato l'omonimo e straordinario film di Pietro Germi (Italia 1950) che ho citato in chiusura del libro. Come scrive sempre Rinaudo in un altro volume – *Migrazioni femminili attraverso le Alpi. Lavoro, famiglia, trasformazioni culturali nel secondo dopoguerra* (a cura di A. Badino e S. Inaudi, FrancoAngeli, Milano 2013, p. 35) – le donne erano, secondo alcuni fonti dell'epoca, "la maggior parte" dei clandestini italiani. "Generalmente le donne partivano in piccole comitive di clandestini composte soprattutto da maschi, ma nei frequenti casi in cui la ragione dell'espatrio era il ricongiungimento familiare, partivano anche da sole o con la prole. Molti dei decessi di clandestine sulle Alpi innevate testimoniati dalla stampa quotidiana italiana e transalpina riguardavano proprio donne sole o con i bambini." La ragazza di Bronte vuole essere un omaggio a tutte le ragazze e le donne che sul confine tra Francia e Italia nel secondo dopoguerra hanno perso la vita senza ragione.

Qualcuno, nel corso dei decenni, ha provato a opporsi alla logica della chiusura delle frontiere. La storia di Paul Grüninger riportata nel capitolo *La sala d'attesa* l'ho raccontata da inviato in una puntata della trasmissione *Argo* di Rai Storia dedicata appunto alla frontiera: grazie a Sara Chiaretti, con la quale ho scritto a quattro mani il copione del mio servizio, al film-maker Carlo De Domenico che ci ha accompagnati a San Gallo e a David Bidussa, che per primo mi ha fatto conoscere Paul attraverso il libro di Eyal Press *Anime Belle. Il coraggio e la coscienza di uomini comuni in tempi difficili* (Einaudi, Torino 2015, ed. or. *Beautiful Souls. The Courage and Conscience of Ordinary People in Extraordinary Times*, 2013). È stato fondamentale, tra le altre letture e i diversi documentari su Paul, anche lo studio dell'inchiesta che si rivelò, vent'anni fa, un tassello fondamentale nel processo di riabilitazione di Paul. Si intitola *Délit d'humanité. L'affaire Grüninger* (Éditions d'En Bas, Lausanne 1994) e l'autore è Stefan Keller, che ho avuto la fortuna di conoscere di persona alla Fondazione Paul Grüninger dove ho potuto anche vedere per la prima volta le sei foto che Francesco, nel libro, scopre grazie a Gianluca. Le altre due fotografie nella busta, quelle che raccontano l'esodo degli ebrei, già edite nel catalogo *Alpi in guerra / Alpes en guerre 1939-1945*, a cura di G. Perona con la collaborazione di B. Berruti, Blu Edizioni, Torino 2004, le ho pubblicate online nell'articolo uscito su "Doppiozero" con il titolo *Salvare se stessi*. L'articolo riprende l'intervento che ho fatto sul Colle delle Finestre il 6 settembre 2015, in occasione della XVII edizione della marcia "Attraverso la memoria", che ricordava gli ebrei in fuga dal territorio francese a quello italiano, nel 1943. La mappa di Robert Baruch che illustra l'altra via di fuga, quella precedente dall'Italia alla Francia, è riprodotta nel libro citato di Paolo Veziano, *Ombre al confine*, ed è stata poi ripresa in rete da vari articoli.

Le riflessioni che Francesco riporta sulla speranza, alleata dei nazisti, erano già citate in *Non restare indietro* e sono ora pubblicate a p. 85 del libro di Piotr M.A. Cywiński, direttore del Memoriale e Museo di Auschwitz-Birkenau, *Non c'è una fine. Trasmettere la memoria di Auschwitz* (Bollati Boringhieri, Torino 2017, traduzione, cura e postfazione mie), mentre la domanda sul disobbedire a una legge che si ritene ingiusta la poniamo ai ragazzi a Cracovia, nell'assemblea conclusiva del progetto Promemoria_Auschwitz della nostra associazione, Deina. Nel provare a darsi delle risposte Francesco ricorda le parole del "grande scrittore italiano" Luca Rastello: le sue riflessioni riportate sempre nel capitolo *La sala d'attesa* sono ne *Il presente come storia*, pubblicato dalle Edizioni dell'Asino nel 2015, anno in cui Luca ci ha lasciati.

E, dalla storia, veniamo al presente.

Tutto quello che accade intorno ad Ab è, drammaticamente, vero. Lo è la deportazione dei quarantotto migranti sudanesi, il 24 agosto 2016, citata nel capitolo *La Porta*, lo è l'episodio – uno tra i tanti – del ragazzo caduto tra i binari, il 27 aprile 2016, e lo è il funerale di Mjmelet Berhal, la ragazza eritrea di sedici anni uccisa da un tir in una galleria dell'autostrada il 7 ottobre 2016, una dei quattordici migranti morti "annegati, investiti, precipitati, fulminati" lungo la frontiera italo-francese tra il settembre 2016 e l'agosto 2017 (*Dossier Statistico Immigrazione 2017*). Ho scelto di riportare testualmente alcuni passaggi della cerimonia perché è ricordata con enorme commozione dai militanti che, giorno per giorno, si battono per la libertà di circolazione e contro le violenze della polizia e delle istituzioni.

A proposito, sono anche veri gli insulti ai ragazzi che camminano sul lungomare riportati da Céline (e poi da Kappa): sono stati pubblicati da "Youmedia" nel video di Stefano Bertolino – dal titolo *Ventimiglia, polizia sgombera i migranti: "Pezzi di merda, bastardi, deficienti"* – che ha contribuito a riportare l'attenzione pubblica sulla tragedia in corso su uno dei confini tra Italia e Francia. Il video del polizotto che strattona e insulta un ragazzo in stazione a Ventimiglia è stato invece condiviso sui social dal *Progetto20k* il 24 luglio 2017, ed è diventato virale. Come scrivono i curatori della pagina, l'episodio "è la punta dell'iceberg di una situazione stratificata di violazioni e intimidazioni. Il clima di costante ostilità che circonda i migranti in transito non è circoscrivibile ad abusi di questo tipo. Al contrario, è bene ribadire che a Ventimiglia, in frontiera e in Francia si segnalano quotidianamente molteplici violazioni dei diritti. Un numero enorme di minori viene illegittimamente respinto alla frontiera e non riceve alcun tipo di presa in carico, neanche dal punto di vista alloggiativo; centinaia di persone sono coattivamente trasferite ogni settimana verso Taranto, nell'ambito di una prassi dai confini giuridici incerti e altamente problematica; centinaia di persone vivono in condizione di sostanziale indigenza, in assenza di idonei servizi di assistenza legale, sanitaria e sociale. Ventimiglia è questo: un territorio attraversato da violazioni e ingiustizie. Allo stesso tempo, qui va quotidianamente in scena l'inarrestabile desiderio di transito delle e dei migranti. Continueremo ad agire in questo contesto, a denunciare gli abusi e le ingiustizie, e a sostenere le legittime rivendicazioni delle persone di passaggio per la città ligure".

Mi auguro che questo mio libro possa, nel suo raggio d'azione, fare altrettanto, specificando che in generale, per quanto riguarda il presente, si riferisce a eventi accaduti tra l'estate del 2015 e l'estate del 2017 e che, in diversi casi, la scrittura e la cronaca si intrecciavano irrimediabilmente. Come nel caso dell'intensificazione dei controlli nel cuneese con l'operazione "Border control" e come nel caso della "rotta" dell'alta Val di Susa, che è diventata di stringente attualità nell'estate del 2017, quando sono stati posizionati i sensori nel tunnel del Frejus e quando è stata effettivamente organizzata la marcia alla quale ho fatto un accenno nel capitolo *Welcome to Europe*. Una marcia perché si interrompa la criminalizzazione dello spostamento e si fermino le morti in frontiera.

Le responsabilità delle istituzioni – italiane, francesi ed europee – è enorme. Ho scelto di inserire nel libro due citazioni di Angelino Alfano, all'epoca ministro dell'Interno, quando ho letto una sua dichiarazione di poco più di un anno successiva, riferita ovviamente all'emigrazione italiana: "Il mondo dell'emigrazione, attraverso il coraggio, l'ingegno, il sacrificio, ha reso possibile nei decenni l'incontro tra persone, culture, professionalità e nazioni, come quelle europee, che oggi condividono il comune progetto dell'integrazione dell'Europa". Oramai divenuto ministro degli Affari Esteri e della Cooperazione Internazionale, nell'agosto 2017 Alfano contraddiceva senza remore le sue dichiarazioni di un anno prima, riportate qui, che erano state riprese da vari giornali nell'estate del 2016 e che si possono ascoltare nel documentario *Per un uso proporzionato della forza* (visionabile sul sito *Parole sul confine. Storie e resistenze da Ventimiglia e dintorni*), realizzato dal Presidio Permanente No Borders – Ventimiglia e Rete No Borders – Genova.

Il documentario si chiude con una dedica determinata e commovente:

A chi sostiene coloro che si sono messi in viaggio,
in cerca di un proprio posto e della libertà.

A chi non si arrende e rivendica anche il diritto di
scegliere dove siano quel posto e quella libertà.

A chi rivendica il diritto di sognare, mi viene da aggiungere.

È anche per questo che, anche se non mi risultano episodi di questo genere, ho deciso di inserire il personaggio del poliziotto che, a Bardonecchia, lascia passare Ab nel capitolo *Welcome to Europe*.

Forse stavo un po' pensando a Paul Grüninger, forse ero spaventato io per primo dalla possibilità di un finale infelice o spietato che travolgesse anche Ab – forse, volevo semplicemente immaginare un presente diverso. Perché i libri servono, almeno un po', anche per sognare.

Mai avrei potuto prevedere, nell'infinità di volte in cui sono stato nei luoghi che vengono percorsi da Ab, da Francesco e Kappa e da Céline, che un giorno ci saremmo chiesti come sarebbe andata a finire. Mai avrei potuto prevedere, in realtà, che la Storia sarebbe di nuovo passata di lì. Per me erano luoghi in cui stare d'estate al mare o in montagna, erano fortezze nelle quali immaginarsi chissà quali avventure, dove portare i cuginetti e poi i nipotini a far volare l'aquilone, dove – quando ero bambino io – andare a pescare le trote, perdersi tra i rovi e non capire una parola del linguaggio delle marmotte, ma essere felici.

Ora, quei luoghi per molte persone sono un incubo, e sono sempre più simili a muri, ora in quei luoghi si gioca il nostro presente e il nostro futuro. Ed è anche per questo che, citando lo slogan di centinaia di migranti che nell'estate del 2015 si erano accampati sulla scogliera dei Balzi Rossi, a Ventimiglia, ho voluto intitolare l'ultimo capitolo *We are not going back* – Noi non torneremo indietro.

Se non torneremo indietro, se questa Europa riuscirà un giorno a essere fedele alle sue premesse, lo dobbiamo alle persone che – a differenza mia – ogni giorno si battono per i diritti dei migranti come Ab, a ridosso della frontiera. Sarebbe impossibile nominarli tutti, e nel libro mi sono limitato a fare alcuni omaggi a diverse generazioni, e a due persone in particolare. Enzo Barnabà, che racconta le rime che la frontiera di Ventimiglia fa con la storia, e il cui lavoro nel presente ha permesso a chissà quanti ragazzi, come Ab a cavallo del capitolo *Checkpoint*, di non perdersi e di non finire nel Passo della Morte. L'altra persona è l'agricoltore francese Cédric Herrou, diventato un vero punto di riferimento per i militanti no-border e non solo. L'ultima volta che Cédric è stato arrestato, il 24 luglio 2017, è stato preso in custodia per "aiuto all'ingresso e alla circolazione di persone in situazione irregolare". Stava accompagnando centosessanta richiedenti asilo fino alla stazione di Cannes, in Francia, per aiutarli e per testimoniare eventuali violazioni dei loro diritti. In stazione, un gendarme ha tagliato corto, dicendo ai militanti di Roya citoyenne, sprezzante: "Ci sono delle leggi, noi le rispettiamo". Ecco, anche no.

Ho una stima immensa, incommensurabile, per le persone che si impegnano giorno per giorno perché i ragazzi come Ab smettano di essere delle ombre, ma inizino a essere visti come viaggiatori, come persone. Per chi, nonostante la solidarietà sia oramai sempre più criminalizzata, continua a lottare.

Sfidando le leggi del nostro tempo, se necessario.

#FuckTheBorders
#OpenBorders

Ringraziamenti

Grazie a Ruben per aver seguito, in maniera per me commovente, questo libro fino alla fine, giorno per giorno.

Grazie alla mia agente Silvia Meucci, a Francesca Dal Negro di Feltrinelli e all'amico Giacomo Donadio di Carovane Migranti per avermi aiutato a pensarlo, all'inizio, grazie ai miei genitori Dado e Cristina per averne discusso con me anche le virgole (è grazie a mia madre che è spuntata la figura del poliziotto "buono") e grazie a mia sorella Anna per averlo commentato con passione e aver fortemente voluto che la fine del libro ci lasciasse una speranza.

Grazie a Corrado Bianchetti per aver disegnato la mappa che apre il libro, e grazie a tutti gli amici e le amiche che hanno speso un po' del loro tempo e delle loro energie mentali per aiutarmi a portare a termine queste pagine: Abdullahi Ahmed, Carlo "Caba" Ballero, Pietro Barabino, Barbara Berruti, David Bidussa, Elena Bissaca, Sofia Burioli, Gianluca Corzani, Gianfranco Crua, Elena Fallo, Francesco Filippi, Francesca Fimiani, Chiara Girolami di Feltrinelli, Emanuele "Elf" La Ferla, Enrico Manera, Marco Meotto, Martina Merletti, Marco Ponti, Alice Ravinale, Daniele Regoli, Zio Giò.

Lalla e Lollo hanno visto nascere e crescere questo libro. A loro e al loro amore va il mio ringraziamento più grande.

Credits

Il testo del brano musicale a p. 11 è da Starsailor, *Poor Misguided Fool*, in *Love is Here*, 2001; a p. 14, 117 e 118 è da Alessandro Mannarino, *Apriti cielo*, in *Apriti cielo*, 2017; a p. 21 da Gianmaria Testa, *Tela di ragno*, in *Da questa parte del mare*, 2006; a p. 26 da Long Distance Calling, *Lines*, in *Trips*, 2016; a p. 33 da P.O.D., *Youth of the Nation*, in *Satellite*, 2001; a p. 47 da M83 feat. HAIM, *Holes in the Sky*, nella colonna sonora del film *Insurgent* della serie *Divergent*, 2015; a p. 54 da Parlour Steps, *What the Lonely Say*, in *Ambiguoso*, 2007; a p. 80 da Blind Pilot, *The Story I Heard*, in *3 Rounds and a Sound*, 2008; a p. 87 e 88 sono citate le canzoni degli alpini *Il testamento del capitano* e *Vecchio scarpone*; a p. 90 da Subsonica, *Strade*, in *Microchip emozionale*, 1999; a p. 96 da Muse, *Uprising*, in *The Resistance*, 2009; a p. 109 da Grandaddy, *Evermore*, in *Last Place*, 2017; a p. 121 Eros Ramazzotti, *Più bella cosa*, in *Dove c'è musica*, 1996 (trova l'intruso); a p. 126 da Audioslave, *Like a Stone*, in *Audioslave*, 2002; alle pp. 129-131 da Marble Sounds, *(How It's Going to) End*, in *Tautou*, 2016; a p. 132 da Negramaro, *L'immenso*, in *La finestra*, 2007; alle pp. 139-140 da Francesco Guccini, *Don Chisciotte*, in *Stagioni*, 2000; a p. 144 da Foo Fighters, *Times Like These*, in *One by One*, 2002; a p. 157 da Fun. feat. Janelle Monáe, *We Are Young*, in *Some Nights*, 2012.

Il libro che cita Kappa alle pp. 112-113 e 135 è *Cent'anni di solitudine* di Gabriel García Márquez (Mondadori, Milano 2015, pp. 43-44, ed. or. *Cien años de soledad*, 1967), e nello zaino ha anche *Il deserto dei tartari* di Dino Buzzati (I ed. Rizzoli, Milano 1940), citato a p. 64, mentre Francesco sul pannello di Ventimiglia (p. 151) vede – ci sono veramente – i cinque versi che chiudono *Meriggiare pallido e assorto* di Eugenio Montale, in *Ossi di Seppia*, 1925.

Gli altri film citati nel libro, oltre a *Il cammino della speranza* di Pietro Germi (Italia 1950) a p. 138, sono, a p. 68, *L'Odio* di Mathieu Kassovitz (*La Haine*, Francia 1995) e, a p. 131, *The Truman Show* di Peter Weir (Usa 1998).

Indice

Isabelle Moreau

L'ACTEUR STUDIEUX

roman

Éditions Luce Wilquin

Maquette et illustration de couverture : Dimitri Delcourt

Éditions Luce Wilquin, 48 rue d'Atrive, B-4280 Avin/Hannut (Belgique),
tél. et fax : + 32 19 69 98 13 – e-mail : wilquin.bouquin@skynet.be
site internet : wilquin.com

La publication du présent ouvrage a bénéficié du soutien de la Communauté française de Belgique.

Je remercie Karim Messalti, Philippe Villiers, Ali Guentas, Brock, Remi Pous, Bruno Prezbon, Alain Berlioux, Claire Beaudoin, Jacky Nercessian, Serge Djen, Bruno Argence, Estelle Grynszpan, Christine Gagnepain, Camille Frebert, ma troupe fraternelle, dont la généreuse collaboration m'a accompagnée et soutenue tout au long de ce travail.

Françoise Mallet-Pelletier, ma douce amie.

Margot Capelier et Dominique Varda qui m'ont sympathiquement écoutée au moment juste et ont eu la grande élégance de ne pas me décourager et de croire que cette histoire en valait la peine.

L'anglais n'est pas sa langue natale.

Romain a trente ans. Il est né en province, dans une petite ville à la campagne, avec une très belle cathédrale, des pierres grises. L'ennui y persiste, profond, aussi épais que les brumes hivernales. La pluie y tombe. À l'école, Romain apprend la poésie et qu'il est né pour mourir ici. Ses parents l'ont éduqué à ne pas dépasser la grille du jardin. La dernière crête visible de l'horizon se trouve à la lisière d'un champ et de l'autoroute.

Dans sa ville, on ne rêve pas, monsieur.
À quinze ans, il espère autre chose…

Il tombe amoureux de sa prof de biologie, qui, entre nous, est moche. Elle porte des lunettes sans style, une robe à larges motifs, très échancrée, et elle a les seins mous.

Romain l'envisage, avide, s'allume d'un désir juvénile et croit simplement l'écouter, lui prêter attention. Elle s'empourpre, la prof, instinctivement alertée. Elle détourne la tête : c'est de ce tact rougissant qu'il est amoureux.

Cette appétence a besoin d'une nourriture moins céleste. Les rêves de Romain sommeillent encore sous la neige imagée des songes, la grande terre vierge des lendemains éternels, que ne rythment ni la vie, ni la mort, ni les réveils, ni les sommeils.

Riche je serai
Célèbre je deviendrai
Roi, je vaincrai
J'aurai une moto, et pis, j'aurai plein de filles…

Il est persuadé que tout est mieux au-delà du monde visible et du champ du voisin. Avec un peu de volonté, il quitte ce trou perdu, battu par les pluies, les brouillards et les siècles, où la morosité, fausse conseillère, cache les passions délicates et contenues de gens heureux.

Il emporte avec lui le souvenir des matinées dominicales. Dieu lui adresse un dernier signe, veille sur son père, sur sa mère.

Le poster d'une fille dénudée sous la douche, collé sur le mur de sa chambre, se décolorera. Elle l'attendra.

Paris, Paris…

Il s'égare sur les berges des longues avenues, écoute la pluie qui tombe, c'est la même qu'ailleurs. Il se dit, se répète, je suis à Paris comme un exorcisme de la solitude, surtout. Il trouve du boulot, sans oser y croire ; c'est indécent, une pareille veine. Il a le vent en poupe, la vie l'envoûte. Pour la première fois, il ose donner une chance à ses rêves.

Un jour semblable à toutes ses veilles, il réussit. Il est connu, reconnu. La terre tremble. Tout sera différent. Le bonheur, enfin, à temps plein.

Les changements, comme les fleuves, ont besoin de décennies, de millénaires aussi, pour égayer les abords de la vie, s'écouler vers l'infini, s'épancher, paisibles, vers la mort…

Mais rien n'évolue. Il est seul et a trop peu d'amis. Il confond succès d'un moment et matins à reconstruire.

Il achète la moto.

Les dulcinées se moquent de lui : frimeur, poseur.

Beaucoup pourtant s'exaltent et s'étourdissent. L'amour donne, fertilise, humanise, grandit. Par lui, le désir s'avoue et ne se brade pas.

Certaines de ces vestales folles se jettent à sa tête. Romain les repousse d'abord, se voulant mature, presque fraternel. Puis les consomme, sans cynisme, mais avec appétit. Cette débauche de femmes exclut toute tendresse et refoule ses rêves de gosse au royaume des sentiments grands comme dans les films.

La solitude est le seul repli possible, l'unique jardin où il peut aimer à nouveau la rose parfaite, la divine femme, l'inaccessible perfection. Il aime seul et fait l'amour à plusieurs. Il observe parfois la chose de loin, comme distancié, clinique.

Le succès, c'est ce qu'on en fait et palpite le temps d'une épreuve. Avec cette réussite survient un phénomène que Romain analyse mal.

Dans une chambre carrée, aux murs décrépis, où tout est oublié et où je me souviens, je t'écris, l'ami…

Un livre luxueux, une filmographie, est ouvert sur sa table de travail. Son coude est posé en travers du visage de Robert De Niro, pâle et mélancolique, immortalisé dans une scène de *Taxi Driver*. Romain note comme dans un état second. Il fume sa dernière cigarette, s'interrompt, secoue le paquet vide, finit par rallumer un mégot, poursuit.

Les gens évitaient mon regard. Dans un restaurant, s'ils étaient joyeux et cordiaux entre eux, ils se taisaient à mon entrée, et me laissaient m'asseoir en silence. Et quel silence ! Des inconnus voulaient me voir et ne m'adressaient finalement que des œillades à la dérobée, parlaient ostensiblement à leurs voisins de table, et jamais leurs yeux ne croisaient les miens. Si je voulais conjurer cet étrange accueil et souriais à l'un des convives, il détournait la tête. Mes amis, eux aussi, étaient soudain jalousement muets. Étaient-ils fâchés, querelleurs, jaloux, déçus, dépités ? Si j'allais me réchauffer le moral auprès d'eux, ils me rabrouaient, fort, pour que chacun l'entende, pratiquant un humour dont les sarcasmes n'avaient d'autre but que de me blesser… C'est le souvenir oppressant que me laisse mon éphémère succès.

C'est le monde à l'envers. Ce mal aux autres était imprévisible, n'était pas signalé dans le prospectus, le destin n'a pas jugé utile d'informer le client, ce n'est même pas écrit en bas, à gauche et en tout petit. De l'autre côté du miroir, Romain est seul. Ce succès béni, inexplicablement, l'exclut de la fratrie humaine. Plus rien n'est simple : un sourire triche et se crispe de tricher. La moindre conversation est lourde d'affect. Alors, il fait la fête, une fête bruyante et désespérée. L'enfant de la terre devient loubard, casseur de vitres dans des hôtels pour voyageurs, aux saisons mortes, où l'argent ne tapisse pas les murs, il affole la taulière, parle fort, a la critique mauvaise et l'humeur en bataille.

Il désigne trois quatre fans énamourées : des adolescentes inachevées montées sur bâtons d'allumette, fardées sans savoir-faire, toujours à traîner leurs guêtres aux abords des tournages et leurs baskets dans les coulisses des théâtres.

Il s'en repaît, goulu.

Entre innocence et provocation, elles en ont à l'amour, au bel amour. Romain fera bien l'affaire. Dans l'intimité brutale des chambres closes, elles tremblent, pleurent parfois, changent d'avis… Il les cajole, et voilà le prince pailleté rackettant le câlin. Leurs caresses immobiles de vierges déçues rendent son désir agressif. Pas de paroles. Pas de ces conversations entendues auprès de couples de crétins, qui parlent pudiquement de vivre à deux, bêtement, à travers des phrases creuses, sans envergure, sans talent. Rien de tout cela : ici, on baise.

Et le temps passe, serein, têtu.

Les petites filles ont pris du galon : elles le consomment. Cadeaux, foulards, soies folles et week-end à grands flots : tout est prétexte à obtenir, prendre, comme une évidence vengeresse.

Romain se fatigue, et rien ne semble vouloir l'épuiser. Dans des soirées orgiaques et occultes où tout s'achète, il avale tout : des pilules, des cachets, des poudres, des toxiques spiritueux. Dans la cour des grands, les vieux routiers ont les moyens de payer comptant. Pas lui.

Gros gains sur la pub, sur le film toutes boîtes. Petits profits sur combines d'usurier. Il se brade dans des animations de gala, fait le baisemain à tout ce qui rapporte, devient caniche toiletté, exhibé dans des salons où de vieilles dames en bijoux le tripotent, l'inspectent et le félicitent. Sa popularité est à son apogée. Il n'est pas une semaine où ses amourettes de commis-voyageur ne soient exposées aux vitrines des marchands de journaux, comme une tache rouge sur un drap blanc. Les revues sérieuses, le journalisme plus inspiré ironisent sur sa promesse de grandeur non tenue, avec cruauté. Devenu gigolo pour presse à scandales, image prostituée au racolage médiatique, visage déchu aux douleurs retouchées, il a la sensation de traverser la vie en absent, en pantin délavé.

Un jour semblable à toutes ses insomnies, il dit non. Non à tout. La solitude est trop lourde, trop inhumaine. Il prétend vivre profondément, avec vérité.

C'est un choix d'honnête homme, ce n'est pas un abandon de poste. S'il pouvait en parler... Passer le flambeau à un plus grand que lui. Témoigner.

Romain se lève, choisit un beau papier blanc de correspondance administrative, l'enroule autour du chariot de sa machine vieux modèle, recommence une nouvelle lettre toujours adressée à l'ami, mais dans un style différent, moins confidentiel.

Il lui écrit, serre bien ses phrases, choisit des mots nets et propres, et le glorieux prétexte d'une pièce de théâtre rédigée dans l'urgence et la colère, pour ne rien laisser transparaître de ses incertitudes. Courtois, policé sous la plume imagée, il trace des traits enfantins.

08.20, Paris

Monsieur,

Vous trouverez ci-joint une pièce que j'ai écrite, L'acteur studieux, *dont vous êtes le personnage titre et qui traite du rapport à la célébrité. Vous avez transcendé le phénomène du succès dans votre vie, lui avez tenu la bride courte. Il y a dans votre humanité quelque chose de plus tenace, de plus extrême, de plus exigeant. Je ne requiers que votre avis. Votre point de vue m'aiderait beaucoup à finaliser ce travail, à donner à mes personnages une parole plus vraie, à l'extraire de l'inévitable démagogie qui enrobe toujours ce sujet difficile.*

Merci de m'accorder la faveur d'une réponse.

Romain

Il attend, espère. Son agent est intervenu en faveur de cette belle utopie, mollement, pour calmer son caprice.

… C'était pourtant une belle lettre. Les quelques notoriétés qu'il compte parmi ses relations l'ont prévenu. L'un deux lui a dit : « Impossible. Même moi, je n'obtiendrais pas de réponse. » Sa rédaction lui a pris plusieurs jours, les pages malmenées de son dico s'en souviennent. Sa machine à écrire n'imprime plus les majuscules, il est vexé de n'avoir pas pu mieux s'exprimer dans une autre langue que la sienne, est sûr d'avoir fait des fautes. Il écrit à nouveau.

09.15, Paris

Monsieur,

Ne me jugez pas sur les apparences, accordez-moi la faveur d'une réponse. Cela concerne L'acteur studieux, *une pièce que j'ai écrite, dont vous êtes le personnage principal. Elle traite du rapport à la célébrité. Je vous la renvoie. Voilà. Merci.*

Romain

Il attend, espère, attend, désespère... Incapable de penser à autre chose, un mot, un geste, ne serait-ce qu'esquissé par le petit doigt de l'autre.

Il est obstiné, tête de bois, ce petit gars. Respectueux des règles, pourvu qu'elles soient au service de l'homme et ne représentent pas un obstacle. Petit, déjà, il pleurait en jouant au Jeu de l'Oie, exaspéré par ce règlement absurde qui consiste à reculer de trois cases, après avoir attendu trois tours.

Il a tout bien fait comme il faut. Il a adressé sa pièce à la maison de production du comédien. L'homme, qu'il a eu au préalable au téléphone, était attentif. À « vol d'oiseau », le projet l'intéressait. Romain s'était senti revigoré, prêt à espérer.

Il a reçu une réponse négative, avec les formules de courtoisie d'usage, et en a éprouvé un soulagement, celui d'avoir été pris poliment au sérieux.

Mais la réponse, le petit signe...

Il s'obsède et n'aime pas ressentir cette impatience nerveuse, irritable, insultante pour son intelligence... Entêté, il renvoie son manuscrit à l'acteur par l'intermédiaire de son agent et fait civilement un scandale. À tout perdre, il tente le baroud d'honneur. Son interlocuteur a une voix élégante et lui fait fermement comprendre que :

– Personnellement, il ne peut rien en faire de cette pièce.

– Oui, il a fait suivre !

– Un peu de patience !

Autrefois, cette qualité ne faisait pas défaut à Romain. Mais cette attente, comme un creux de la vie... Il a une certaine opinion de lui, l'avait jusqu'à présent et ne se reconnaît pas dans cette exacerbation névrotique.

Les jours passent. Ce mirage, comme toutes les illusions, retourne au désert. Cette espérance vaine ravive son sentiment de solitude. L'autre n'y est pour rien : le risque de cette déception futile, seul Romain l'a pris. Il voulait une réponse à ses doutes : il l'a. Il renonce au risque d'être emporté par cette obsession. C'est un piège, glauque et malsain. Il ne veut pas devenir ce jouet, ce jouet-là…

Il n'a pas laissé tomber *L'acteur studieux*, il n'a pas pu. Tant qu'à faire autant que ça serve.

Il a décidé d'écrire la biographie de cet ami de l'espérance, dont les silences lui veulent tant de bien…

Il évoque « l'ami » et lui doit ce souvenir.

Il est né le 17 août 1943 à New York, de parents peintres, dans le quartier de la Little Italy. Il est cité comme l'acteur le plus emblématique de toute l'histoire du cinéma.

Tout se brouille et se colore. Un quartier gris, des maisons vagues. Les sons se transforment en paroles. Des devoirs à faire, d'autres règles à apprendre, celles d'un quartier « difficile », le Bronx. Enfance.

Volonté, obstination, un acharnement dans le travail qui fait dire à Jack Nicholson : *Mais regardez-le !* Des compagnons de route, exigeants eux aussi : De Palma, Scorcese, Coppola... Un miroir légendaire, une réplique mythique : *You' talking to me ?*

Un dépassement de soi rarement atteint, un corps soumis à une discipline spartiate, qui enfle pour boxer, mincit pour prier. Il divise l'intelligentsia de ses pairs. Certains disent : *Ce qu'il fait, ce n'est plus jouer. Moi, je me contente de faire semblant.*

D'autres le portent au sommet de l'inégalé, de l'inégalable. Les plus hautes récompenses ont auréolé son travail, et c'est un des acteurs les plus estimés de sa fratrie. Deux générations d'apprentis comédiens ont du mal à ne pas faire l'acteur en passant devant un miroir. Ils ont tous joué à *You' talking to me.* Et tous, dans l'espoir secret, dans le désir intime de grandir, ont peut-être rêvé de devenir cet acteur-là.

Romain regarde sa feuille. Sa mémoire est fragmentée. Il a trente ans, et cet homme est déjà son passé, son présent, et sera son avenir. Il ne peut arrêter la vie, sa magnifique confusion, ses accélérations, ses arrêts sur image, ses absences et ses amnésies, ni entrer dans la mémoire de tous et exposer ses réminiscences et celles de cet autre comme des tableaux dans un musée. Il ne peut.

Il a connu un écrivain mort avant d'avoir achevé son livre. Cet auteur ne trouvait pas « la note juste », ce bout de soi qu'on laisse dans un ouvrage et qui fait acte, porte témoignage. Il ne voulait pas, disait-il, écrire un livre de plus et a préféré mourir dans ce divin silence.

Romain n'a ni cette humilité, ni cette abnégation. Mais s'il rédigeait cet ouvrage, il avancerait à reculons. Il ne peut figer la vie, sa magnifique confusion, sa chute vers le haut.

Il en est là. Avec des cartons empilés, des notes disparates, une pièce qui le laisse sur sa faim, des questions, pas de réponses, des essais, des ratures, un crayon rongé, une machine à écrire inutilisable : à présent, elle refuse d'imprimer les minuscules. Voilà donc à quoi ressemble une vie : des cartons empilés, des poésies de jeune homme, des essais pour la scène, des questions, pas de réponses, des chimères au panier, et votre meilleure copine qui vous lâche, la *Brother x 2000.*

Il va se coucher. Il a, ce soir, la tête comme un tambour de machine à laver sur le programme essorage.

Romain écrit.

Ami choisi de façon péremptoire, quasi d'autorité, tu n'avais rien demandé. En dépit de toutes raisons valables à caractère lucratif, je n'ai pas d'excuses et n'en trouve pas de t'avoir désigné ainsi. Je me dis simplement : ça passera.

Il se souvient. Août avait été pluvieux, octobre ruineux. Il en avait assez de Paris, de ses amitiés superficielles, de sa solitude latente. Il avait l'impérieux désir de sa campagne, du rythme de ses saisons, de retrouver son chien, de regarder par la fenêtre, de contempler les arbres. Il avait rompu avec Hélène, la douce amie. Après quatre ans et demi à essayer de ne pas se quitter, ils avaient arrêté d'essayer. Voilà, fini, statufié sur leur canapé, dans leur appartement, avec ses plantes à elle et son chat à lui. Dans un silence, un silence où tout est dit et ou tout peut encore se taire. Il avait enclenché la hi-fi. Aznavour avait entonné *Je me voyais déjà en haut de l'affiche*, ça faisait film. Charles a le don de faire éclater les sanglots longs et monotones. Le chanteur a rythmé le divorce d'un de ses amis, qui enterrait sa vie d'homme marié sur l'air de *formi-formi-formidable.* L'ami préférait le chagrin qui swingue…

Romain s'en était allé, elle avait dit « À ce soir » en sachant qu'il ne reviendrait plus. Il lui avait laissé le chat, elle avait gardé les plantes.

Il reprend le cours de sa missive, adressée à un silence attentif.

Nous avons le droit de faire notre deuil de la vie, en paix. Pourquoi je vous prends à témoin ? Je vis bon gré, mal gré, au rythme de vos confidences. La différence entre vous et moi, c'est que je choisis de vous les raconter, et vous… on vous raconte. J'ai assez de petites misères sans, en plus, supporter les vôtres. Je suis confident subissant. Je suis le témoin de vos vacances en Grèce, de la naissance de vos enfants, de vos déboires sentimentaux, de vos moments de fête, de l'hôtel où vous descendez à Cannes. Qu'espèrent vraiment ceux qui pratiquent ce genre de délation ? Que j'aille faire un sitting ? Veulent-ils transformer le spectateur en hooligan ? C'est usant. Pendant ce temps, je vous écoute et je ferme ma gueule. Je suis votre copain docile, que je le veuille ou non. Je ne supporterais pas ça de mon meilleur ami. Je finirais par lui dire que je ne suis pas la petite sœur des pauvres de sa paroisse ou par lui faire payer la thérapie. Alors oui, moi aussi, je m'épanche, je déverse, je me répands. Je cause : I'm talking to you. *Marre de manger la soupe des autres, elle vaut bien la mienne. Et il y a des jours et des lunes… Je n'ai pas envie qu'on m'embête. Je veux être dans ma bulle, à contempler mes arbres et à pleurer sur la pluie.*

Il prend la feuille, la froisse. Le papier sent bon, sent l'encre. Ses craquelures viennent lui griffer les joues et le rendent à ici et maintenant : une chambre carrée, des photos sur l'étagère en contre-plaqué, elles font mal. *Once was, will never be.*

Des visages pleins de rires, et sa petite gueule parmi eux.

Il note à nouveau, en grosses lettres, en travers du papier ligné :

Où est donc passée ma vie ? Ma vie d'enfant béni ? Cette existence pour laquelle mes parents doivent travailler une année entière, en comptant sou par sou s'ils veulent s'offrir trois semaines dans un hôtel sans étoile et en demi-pension ? Qu'est-ce que je fous dans cette solitude de chiotte ?

Il extirpe un mouchoir, renifle, tripatouille le kleenex, le remet dans sa poche, va marcher dans la rue. Il a faim. Il compte sa monnaie. Vingt francs, son dernier avoir. Il a eu le culot, il n'y a pas si longtemps, d'hésiter dans un restaurant, entre « le loup au beurre noir » et « l'anguille aux fruits de mer », de décréter au serveur en queue de pie un *J'ai pas faim* désabusé, de se rabattre sur la « petite salade fraîcheur estivale » : trois olives, un cornichon, un moignon de canard bien planqué sous une olive.

Il est saisi d'un fou rire devant Mohamed, l'épicier. Le commerçant sourit. Romain négocie *Si moi demander crédit à toi, toi fâché ?* Mohamed s'excuse en ouvrant les mains et confirme que Romain a bien lu l'affichette en carton placée derrière son dos :

Si moi te faire crédit, toi content.

Si toi pas payer moi fâché.

Moi préfère toi fâché.

Il achète une bouteille de vin, une piquette à huit sous, une demi-baguette à deux sous et garde le reste pour un paquet de cigarettes. Il remonte ensuite dans ce qui lui sert de « foyer, doux foyer ». Il mord dans le pain, puis l'abandonne sur la table, décapsule la bouteille au bouchon de plastique et la boit. En une demi-heure. Verre sur verre, jusqu'à ce que la buée de l'alcool lui asphyxie le cerveau. Une cigarette se consume entre ses doigts, la cendre tombe sur le revêtement déchiré du sol. Il allume la télé, puis s'écroule sur le lit, abruti.

Le téléphone est coupé depuis quinze jours. Il a revendu ses plus belles fringues, et la moto. C'était fatal. Les impôts lui sont tombés dessus, son compte est bloqué, il est interdit de chéquier, n'a plus droit aux assédics. Demain, il faudra penser à trouver du boulot. N'importe quoi. N'importe. Il s'est endormi.

Deux heures du mat. Il s'éveille, agité, écrit sur le papier peint déchiré du mur, à la tête du lit.

Ça sent l'aigre, le rance. Des odeurs mélangées de blondes fortes, de vinasse, de linge transpirant. Cette foutue fenêtre qui n' s'ouvre pas… Ci-gît Romain le Grand, né le 26 juin 1967, enlevé à l'affection du monde le 4 novembre 1997. Repose en paix.

P. S. Quand j'étais vivant, il y avait cette fille en poster, dénudée sous la douche. M'attend-elle encore ?

Il ponctue son trait d'une souillure d'encre, s'élance vers le petit lavabo en faïence, se courbe. Vomit. Se recouche, les yeux grands ouverts. Il est midi. Une grisaille nuageuse s'écorche aux faîtes des toits. La télé, encore branchée, envoie le générique de *Ma sorcière bien-aimée.* Romain regarde sans sourire les images du feuilleton désuet. Il se lève, se mouille les cheveux, ne se rase pas et ne se change pas. Il s'assied à la table, devant son cahier noir, dans lequel s'égrènent ses notes décousues.

Hi, l'ami,

Pourquoi je t'écris ? Sais pas…

Il regarde sa montre : midi vingt. Il a prévu une réunion avec des acteurs, pour le montage de sa pièce, *L'acteur studieux*. Il poursuit.

Tout homme s'identifie. Au flic, à son patron, à l'homme politique. C'est une manière d'interroger sa conscience, sa voix intérieure. Chez certains êtres vulnérables, la pression extérieure peut entraîner un phénomène d'héroïsation pathologique. C'est avec cette graine de mec qu'on fait de la chair à canon, les parricides du « Père Éternel », et les assassins tout court. C'est vrai, je vous prends à témoin. Je suis acteur, pourquoi voulez-vous que je m'identifie à un garagiste ? Je ne suis pas pathologique !

Il pleure, continue.

L'être humain n'est pas une science exacte…

12h56, je suis à la bourre. Qu'est ce chemin de solitude, où au bout rien ne m'attend ?

J'attends de mourir. Faute de mieux, je m'occupe à vivre…

13h10. Il attrape sa veste et court, préparant des excuses, les rejetant, discourant avec lui-même.

Les acteurs le chambrent sur son retard, et si les prétextes sont faits pour s'en servir, ils sont aussi une bonne occasion d'emboîter le capitaine. Un peu de jeu dans la discipline fraternise et fédère les hommes entre eux.

Il y a peu de temps, Romain était pris en otage par le carriérisme. Il travaillait avec des gens doués, solitaires et anxieux de réussir. Leur besoin de briller, sans être tape-à-l'œil, tuait le plaisir. Sa nouvelle équipe est vraiment fraternelle. De vieux routards rodés à tous les cas de figure, motivés par cette pièce. Cette approche d'un rôle d'après modèle préétabli les intrigue et les intéresse. Il leur communique sa nécessité de transmettre cette histoire. Le propos ouvre la porte à leurs souvenirs.

Ils se quittent, solidaires. L'un deux dit à Romain :

– Je m'attendais à pire. J'ai connu tant de projets où je ne savais pas ce que j'étais venu faire là… Allez, salut, à demain…

Romain rentre chez lui, s'assied au bord du lit et, pour la première fois depuis plusieurs mois, se sent heureux. Un bonheur incompréhensible l'environne, l'oxygène profondément.

Une amie lui a prêté de quoi faire des courses. Le frigidaire est rempli. La bouteille et les clopes sont encore là ce soir…

Il prépare la répétition du lendemain, sort des vêtements de la penderie où aucune chemise, aucun pantalon ne peut tenir longtemps dans les plis. Un foutoir là-dedans ! Involontaire… Impossible de garder de l'ordre dans ce mouchoir de poche. Ce pucier, dit un de ses amis suffisamment proche pour y avoir été invité. Romain ne reçoit que des intimes dans ce taudis. Il a horreur d'afficher ses trophées de nouveau pauvre. Il n'en éprouve aucune fierté, aucune dignité sublimée. Il admire simplement un peu plus Dickens et ne conçoit plus aucune projection romantique ou romanesque sur cet état de vie, cette image d'Épinal de « l'artiste maudit ».

Il regrette le confort d'autrefois et reproche à son orgueil de l'avoir incité à claquer la porte, à tourner le dos à une réussite qui ne le fuyait pas… Le succès est très susceptible et n'aime pas voir vos talons. Ce « personnage » se considère comme l'unique bienfaiteur de l'humanité. Faites-lui la nique, il vous le fait chèrement payer. Romain lui a tourné le dos et ne sait plus très bien pourquoi. Cela avait tout son sens à l'époque. Il a refusé un rôle de plus dans un film de moins, sans assurer ses arrières. Il n'avait aucun projet au théâtre. Il a dit non au moment où il devenait un enjeu commercial pour sa profession.

Sans explications, non, tout simplement. À ceux qui s'en fichaient et en ont pris un autre. À quelques-uns qui espéraient encaisser le bénéfice de leur placement sur son nom, de bonne guerre. Le temps était venu pour Romain de leur renvoyer l'ascenseur. Personne n'a apprécié, peu ont compris, un seul a approuvé.

– Il n'y a rien à reprendre. Non, c'est respectable.

Romain repasse chemise propre et pantalon net. Il lampe son verre de vin, mais à une cadence modérée. Il se sent bien. Premier espoir, premier battement d'ailes, depuis si longtemps… Il écrit, regarde ensuite bravement la télé, choisit la chaîne allemande, une émission sur le rire. Pas drôle du tout.

Il va se coucher.

Il a trouvé le courage de revoir Hélène, l'amante du passé. Il est huit heures. Il se tient dans l'encoignure de la porte, attend. Elle lui offrira peut-être les croissants… Dans *Tout le monde dit I love you*, Woody Allen réplique : *Il vaut mieux être le quitteur que le quitté.* À condition d'en avoir les moyens.

Romain est prêt à faire amende honorable.

Il est crispé contre l'angle du mur, la bouche pleine de pardons… Il n'est plus lui-même sans elle. Elle lui manque, et c'est une douleur vive.

… Elle ne veut pas ouvrir. Il a donné des coups de pied dans la porte, menacé de la défoncer, elle lui a promis d'appeler les flics, s'il persistait. C'était couru d'avance, et peine d'amour perdue. Il s'est assis. « Laisse-moi au moins parler au chat », dit-il. Il l'entend pleurer. Les larmes d'une femme, c'est une armée qui recule. Il pousse l'offensive. Il ne s'agit pas d'un calcul : il a vraiment envie d'elle, de lui parler, de la toucher. Au moins de dire adieu. Il s'en veut de ne pas lui avoir dit adieu. Il insiste, doux : « Je veux juste qu'on parle ». Elle répond : « Pas maintenant ». Il espère, tendre : « S'il te plaît ». Des sanglots, le silence. Elle n'ouvrira pas. Demain, peut-être ? Il appuie son front contre la cloison. Attend. Le silence est résolu. Il s'en va. Elle ne le hait pas, pas tout à fait encore.

Demain, peut-être.

Les larmes d'une femme, c'est avant tout une armée qui résiste.

Il fait un essai dans une brasserie. Au bout de deux heures, c'est à peine s'il peut encore marcher. Le maître d'hôtel est comme ceux de sa caste : fanatique. Pour les professionnels de l'hôtellerie, ce métier est une vocation. Ils le pratiquent avec un esprit militaire et une autorité d'adjudant. Subtilement, Romain sent que celui-là jubile de mettre plus bas que terre une tête familière des écrans… Petit pouvoir, petites gens, et ce roitelet des cuisines ne fait pas exception à la règle. Romain commet une erreur de fourchette, interfère couvert à poisson et couvert ordinaire. L'autre lui dit : « Vous êtes vraiment un imbécile. » L'argent ne vaut pas ça. Il lâche le plat qu'il tenait aux pieds du petit caporal en blanc. Les clients applaudissent.

Dehors, l'oppression de la défaite, de l'impuissance, le fait manquer d'oxygène. Son arrogance le perdra. Il entre dans le café mitoyen de la brasserie et boit. Rentre à pied, nettoyé à sec, ruiné. Il est surpris pourtant par un petit miracle, une honnêteté rare dans une grande ville. Un gamin le rattrape et lui rend son portefeuille tombé de sa poche au carrefour précédent. Romain en retire les papiers administratifs et tend l'objet au gosse, ahuri. « Tiens mon pote, tu en auras plus besoin que moi. » L'enfant refuse, grave, comme touché par l'étrangeté du geste. Romain sourit, insiste : « Prends-le. » Le petit s'éloigne, calme d'abord, puis s'enfuit. Le saint-bernard laisse sur le trottoir un Romain plus désemparé que jamais. Nous avons parfois besoin de donner. Il fait peur aux enfants, à présent…

Il n'a pas l'énergie, ce soir, de remonter chez lui et de retrouver sa tour déchue, ses silences immobiles. Il tourne comme une aiguille folle autour du pâté de maisons. L'air vif et mouillé le dégrise. Traversant un square, il découvre les quatre marches du parvis d'une église. L'expiration grave des orgues traverse les pierres. Il entre. La chapelle est déserte. Il remonte la nef, s'assied au premier rang, regarde le Christ, exposé sur le mur du fond.

Romain a quitté les allées de la religion de ses parents. Ce n'était ni une réflexion, ni un choix. La messe l'ennuyait. Les fidèles entendaient toujours les reproches adressés aux absents, ce n'était pas juste. Il n'aimait pas non plus la magnification macabre du sacrifice humain.

Il n'a rien à faire ici. Ce Sauveur doit protéger les siens. Si, dans le silence de l'esprit, son souvenir a traversé les siècles et est encore attaché à la mémoire des hommes, pourquoi écouterait-il un velléitaire, parti sans un adieu ? Une phrase des eucharisties passées lui revient en mémoire : *Bienvenu celui qui vient...*

Il regarde la croix. Le visage penché, figé dans la douleur intolérable infligée par l'homme au premier des poètes, au conteur des oiseaux, à cet homme-Dieu démuni, ce fou d'amour... La poitrine de Romain implose. C'est comme la brûlure du premier inspir après une immersion prolongée. Il râle des sanglots retenus. Ce n'est pas un soulagement, c'est une catharsis. Aucun mot ne lui vient, il ne formule aucune prière, il pleure.

Un bruit de clés lui fait tourner la tête : le sacristain agite son trousseau, pressé. Il est embarrassé devant le visage à vif de ce contemplatif de la dernière heure. Romain lui sourit. L'homme tousse : « On ferme, monsieur. » Romain hoche la tête, se lève et s'en va. Dehors, l'air vif a l'odeur du vent, du vrai vent, du réel, des choses simples et vraies. Il rentre chez lui, regarde la pauvreté de sa chambre, la voit telle qu'elle est. Il s'assied, écrit.

Je me suis trompé.

Nous sommes bien nos reflets, tous nos reflets. Je suis cette chambre, sa misère, son papier déchiré, son désordre. Je me punis. J'ai dit non à ce qui ressemblait au succès, non à ce qui me rapportait de l'argent. Chaque jour est un regret, un remords, un doute.

Il fait la vaisselle, nettoie la petite pièce, se prépare une assiette, se dresse un couvert et se promet de ne plus manger à même la boîte : même un chien dîne dans une écuelle. Il hésite entre finir la bouteille de vin de la veille ou en jeter le contenu. Les résolutions impulsives d'aujourd'hui sont les échecs de demain : il boit. Juste un verre, et se couche. Le fond de la bouteille glougloute dans sa mémoire. Il se lève, la sort du frigidaire et vide le reste dans le lavabo. Avec humour, il est fier de lui. Il l'a eue, la bouteille, ce soir. Elle ne s'y attendait pas, la garce.

Il s'endort.

Le lendemain, il prend son temps pour arriver en retard. Les acteurs sont déjà au travail. Il entre dans la salle à pas feutrés et, pour le coup, est gêné de son inexactitude. Les comédiens continuent un moment, s'arrêtent et l'applaudissent. Il marmonne des félicitations embarrassées.

Le plus âgé de la bande le secoue par les épaules, lui met une claque – une vraie – sur la joue et dit : « De toute façon, on n'est pas payé… pour ça qu'on fait du zèle. » Ils refont une lecture globale de la pièce. La plus jeune demande pourquoi Romain a choisi un acteur aussi emblématique comme personnage principal. L'aîné du groupe lance : « Parce qu'en France, on n'a pas de fric, mais le sens du casting. » Rires bienvenus et pause café. Ils reprennent.

Le comédien qui a conclu la question de sa partenaire par une boutade la pose à son tour, sérieusement. Romain pense : tous les mêmes, têtus comme des bourriques. Il demande : « Pourquoi Shakespeare a-t-il écrit *Hamlet* ? Pourquoi Dumas, puis Sartre, ont-ils raconté la vie de Kean, le grand acteur anglais ? »

L'acteur dit, spontané : « C'est pas une réponse, ça... J'aurais adoré jouer une pièce avec Reno comme personnage principal... C'est un pote, Reno... Il est français, lui, au moins. » Romain repartit : « Chauvin ! », poursuit plus gravement : « J'aime ce comédien, celui dont je parle dans ma pièce. Il me raconte un dépassement, un engagement profond, pas seulement avec son métier, mais avec la vie. »

La répétition peut continuer.

Chacun retourne à sa vie, son métro, ses castings, un appartement net, des enfants ou pas d'enfant. Romain leur dit au revoir. Son propre quotidien lui semble moins lourd.

Il entre dans une cabine téléphonique, appelle enfin les télécoms, négocie. Il se complaisait tellement dans l'idée qu'un pauvre « a juste le droit de fermer sa gueule » ou d'aller travailler et de gagner sa vie. Cette pensée insidieuse moralisait bourgeoisement ses crises de découragement, ses mouvements de colère sains, étouffait toute révolte. Frapper contre un mur, crier « Je ne suis pas d'accord, c'est injuste » est peut-être inutile, mais est aussi salvateur dans certains cas.

Un poète écrivait : *Toute souffrance est injuste.* Et toute souffrance l'est. Nous sommes ce que nous pouvons en face d'elle. Porter le poids de son crime en silence et avec une dignité de parade, c'est lui tendre le bâton pour être battu un peu plus fort, humilié plus profondément. Elle ne cède pas d'un pouce, gagne du terrain. C'est une sirène au chant de mort, réclamant chaque jour son holocauste macabre et son triste dû de larmes. Accrochez-vous au mât, bouchez-vous les oreilles et passez au large...

Romain parle avec beaucoup d'autorité à la conseillère des télécoms, râle sec, avec une hauteur qui ne manque pas de culot. Non, il ne paiera pas, il accepte un échéancier, et uniquement parce qu'il a été mis devant le fait accompli... L'employée compatit d'un ton courtois et lui propose le rétablissement de sa ligne, en réception d'appels. Il se retient sincèrement de l'embrasser à travers le combiné, exprime plus sobrement sa gratitude : « C'est la moindre des choses. Je vous remercie, mademoiselle. » Son téléphone sonnera à nouveau d'ici quarante-huit heures : ô douce musique céleste...

Il sort, tourne sur lui-même, saute et pousse un vrai cri de guerre et de joie. Un passant se tourne vers lui, dubitatif et, malgré lui, souriant. À quoi tiennent les petits plaisirs de la vie, quand même... Romain court vers le métro, d'abord au petit trot, puis accélère, ses muscles se détendent. Il atteint le guichet, essoufflé. Il heurte une vieille dame, elle s'en plaint. Il s'excuse, l'embrasse sur les deux joues. La mamy est outrée. Il saute par-dessus le tourniquet et lui crie : *I love you, Marylin.* Elle l'invective. Il lui adresse de chaleureux baisers de la main et lui montre son cœur. Mamy se tait, hausse les épaules, dissimule tout le bien et le mal qu'elle pense de ce « galopin », le nez dans son col de vison. Il rentre chez lui. Il fait un détour chez l'épicier Mohamed, y flâne une demi-heure – petite promenade économique passée, entre les rayons, à retourner chaque boîte, à comparer chaque prix. Il compte ensuite sa monnaie pièce par pièce devant le boutiquier. Le compte est bon. Mohamed ajoute une demi-baguette au baluchon, d'autorité. Romain marque un temps, étonné. Le regarde, sourit, rougit, remercie avec douceur. Mohamed articule ce geste délicat d'une phrase gaie, colorée : « Tu es quartier. Toi et moi, c'est comme cousin et chameau, c'est la famille ! » Romain rit.

Dans sa chambre, il prépare un repas très frugal. Se remémore la répétition, note quelques impressions.

Acteurs = pygmalions. Faiseurs de rêves. Locataires du rêve des hommes. Surprenants, têtus, déterminés, chaleureux, anxieux, motivés. Longs discours inutiles. Dis-leur ta vérité, la tienne. Ils aiment la vérité…

Il se couche ensuite à demi sur le lit, résiste, puis allume la télé, fait taire ce silence immobile, s'endort. Il n'a pas bu, aujourd'hui…

Hélène sort de son immeuble et remonte vers Montmartre. Romain la rattrape, lui prend le bras, la tourne vers lui. Ils s'envisagent. Les yeux bleus d'Hélène s'embuent. Ne pas l'embrasser. Ne pas l'embrasser. Surtout ne pas l'embrasser… Il enfonce les mains dans les poches de son jeans, inspire, ferme les yeux, dit, doux : « Pardon ». La considère à nouveau. Elle reste là, sans le fuir, sans l'injurier…

Dire quelque chose, quoi ? Il profère grave, dogmatique : *Je n'ai plus de mots, il faut que je parle.* Le regard qu'elle lui rend est incertain, apitoyé et ironique. Elle reprend sa marche vers la butte. Il la suit.

– D'accord, d'accord, je suis lourd, je fais toujours des citations. T'adorais ça avant… ça te faisait rire…

Il lui saisit le poignet, elle se dégage avec une autorité et un calme désespérant. Il quémande :

– Un verre, Hélène, juste un verre. Je t'invite. (Il tapote sa poche.) J'ai des sous. J'ai trouvé du travail. Un petit job. Je vais beaucoup mieux, je te demande pardon, je t'aime, j'ai envie de faire l'amour avec toi, ici, maintenant, tout de suite…

Elle lui fait face, répond :

– D'accord.

Elle pose son sac, enlève son manteau et déboutonne son chemisier. Romain bredouille :

– Je disais ça comme ça…

Elle écarte les deux pans de son vêtement, se carre devant lui, passe les pouces dans les bretelles de son soutien-gorge en soie. Le cliché surprenant de ce gavroche en jupon et en courbes douces ferait à nouveau chanter tous les titis de Paris : *C'est la faute à Voltaire…*

Deux hommes se sont arrêtés sur le trottoir d'en face, intéressés, curieux, un sourire incrédule sur leur face de badaud. Romain la couvre, tente de la cacher avec son corps, bafouille :

– T'es folle !

Il sent la main d'Hélène tâter sa braguette avec une énergie furieuse. Il s'affole.

– Arrête !

Les deux fats, de la rigole d'en face, se sont confortablement campés sur leurs jambes, bras croisés, hilares, ne ratant rien de la scène et sans loucher ailleurs… Romain leur crie :

– Lâchez-nous… Z'avez rien d'autre à faire ?

Éclats de rire sonores en retour.

Elle a trouvé le zip, le fait glisser, tire sur le pantalon du jeune homme. Il le rattrape d'une main, de l'autre bloque les mains d'Hélène.

– Nom de Dieu !

Elle le repousse. Il en profite pour nouer vite et maladroitement les deux pans de l'habit de la jeune femme ; elle les écarte à nouveau, crâne.

– Je suis très bien comme ça.

Les observateurs impromptus se déplacent pour mieux voir. Romain les invective.

– Vous deux, ça suffit. C'est privé, cassez-vous.

Geste obscène en écho.

– Monsieur Romain blabla, môssieur tout sur la langue et rien dans le calcif ! Sale petit enfoiré ! Salopard ! Ne reviens jamais dans ma vie. Ni maintenant, ni jamais. Ja-mais. Tu me dois bien ça.

Elle s'est rajustée pendant sa harangue et repart au pas accéléré. Les spectateurs sifflent, enthousiasmés. Romain leur signifie de se taire d'un énergique bras d'honneur, la rattrape, tentant de réorganiser ses propres vêtements.

– Impossible, Hélène. J'étais juste venu pour discuter, maintenant je suis amoureux. Comment veux-tu que j'oublie une nana qui a voulu me violer dans la rue ?

Elle poursuit sa route.

– Attends-moi, je perds mon froc !

Elle s'arrête, le détaille. Il est pathétiquement drôle... Elle sourit et pleure à la fois.

– T'as vu que je suis comique, quand je peux.

Elle pouffe et sanglote.

– On va boire un café ?

Elle acquiesce. Il inspire, mâlement regonflé.

– OK. Mais vaut mieux changer de quartier.

Elle lui prend la main, il l'entraîne dans une brasserie, à trois rues de là.

Il n'a plus de mots et voudrait bien trouver quelque chose à dire... Elle est belle. Cheveux châtain-roux, l'œil bleu et rond, son visage est tourné vers la vitre du café. Si le silence pouvait déserter... Il la trouvait commune, autrefois, pas assez brillante, trop amoureuse. Il s'est lassé de lui répéter : « Tu m'aimes trop. »

Hélène tressait le nid, Hélène et sa patience silencieuse, sa volonté sans éclat, mais tenace. Elle lui passait ses frasques, il se croyait irremplaçable. Hélène la douce, l'effacée, la discrète. Était-ce la même dans la rue, tout à l'heure ?

– Je me sens stupide, Hélène.

– Tu ne l'es pas.

Elle pleure des larmes dont il est exclu.

– Je te demande pardon.

– Je n'ai rien à te pardonner. C'est la vie, c'est comme ça… Je suis seule, et c'est tellement moins humiliant que d'être seule avec toi…

Qu'est-ce que ça veut dire, ça ? Les filles, leur mystère, leur monologue inachevé, leur dialogue avec une pensée toujours plus haute… Il y a un sens caché, il y a forcément une destination occulte à ce message énigmatique… Romain-Roméo se la joue profil bas, implore et jure par la lune.

– Je ne voulais pas te quitter. Pas comme ça. Je suis malheureux sans toi… Tu comprends… J'ai cru que c'était fini, j'avais juste besoin de vacances, de prendre un peu le large. Ce n'était pas sérieux. Tu me manques. Je ne suis plus moi-même. Je t'ai laissé la meilleure part…

– Le chat ?

– Écout…

– Les plantes ?

– Laisse-moi m'expli…

– Le chat, les plantes, Aznavour, la hi-fi, les dettes, des photos, des souvenirs, ton absence. Tu reviens, avec l'œil qui pleut, me réclamer la meilleure part ? Tu peux tout reprendre, Romain, et emporte aussi cette part de toi-même que tu as cru bon, antique, poétique de me laisser. Je ne veux plus rien savoir de toi.

Elle se lève, il s'affole.

– Non, attends, s'il te plaît… Ne pars pas. Pas comme ça. J'ai été moche, je ne me le pardonnerai jamais, mais nom di d'jou, pose ton cul sur cette putain de chaise !

Elle se rassied, raide. Il se calme, dit, très las :

– Ne joue pas au chat et à la souris. Écoute-moi. Soyons adultes, merde !

Il lui prend le bout des doigts, ils sont glacés, inertes, moites.

– C'était une belle histoire, toi et moi. Hein ? Laisse-nous une chance.

Elle parle bas, tête baissée.

– Tu n'as rien respecté, tu ne respectes rien. Une belle histoire ? L'histoire d'une pute avec son mac. Au bout de la route, tu me plantes comme une propre à rien. Tu me prends pour qui ?

Il se frappe le front contre la table, plusieurs fois.

– Pardon, pardon, pardon. Qu'est-ce que je peux dire ?

– Rien.

– Je t'aime.

– Je ne t'aime plus, adieu.

– Je t'ai demandé pardon !

– Je t'ai pardonné.

– Donne-moi une chance. Tout le monde peut se tromper, j'ai droit à l'erreur, moi aussi.

– Le train est passé, il fallait le prendre.

– On peut se revoir ? Juste comme ça…

– Non.

– Tu es amoureuse ?

Il affirme, furieux, désespéré.

– Tu m'aimes !

Elle sur-articule : « Je ne t'ai-me plus » et fond en larmes…

– Il y a quelqu'un d'autre ? C'est ça ? Dis-le moi…
– Non.
– Alors quoi ?
– Alors rien…
– Tu me manques.
– Trop tard.
– Juste se revoir…
Elle se lève, réenfile son manteau, le regarde.
– Au revoir, Romain.
– Une minute, quoi.
– Quatre ans et demi, Romain, ça fait combien de minutes ?
Elle s'en va. Il la regarde passer devant la vitre, tête droite, sans un dernier signe, une promesse de se revoir… Un peu ronde, petite, cheveux châtains flous…

Ce n'est pas possible. Cela ne peut finir comme ça. Le serveur s'approche. Romain dépose la monnaie sur la table, se lève, dévisage le garçon avec l'air perdu du type qui ne sait plus où aller. L'autre nettoie la table, lui adresse un coup d'œil en biais.

– Que feriez-vous si la femme de votre vie ne voulait plus jamais vous revoir ?

L'homme rit.

– Je baiserais son mec. Je suis homo.

Et il s'esclaffe. Romain quitte la brasserie, amusé et le cœur chagrin, écartelé entre ses émotions paradoxales.

Dans la rame de métro, il ouvre son carnet noir, y déverse ses tristes pensées.

Ça peut finir comme ça. Je n'ai rien inventé. La vie n'est pas un roman. J'ai fait de la sienne un hall de gare, une salle des pas perdus. Je m'en veux. Qu'y a-t-il de plus banal, de plus répétitif, de déjà vu qu'une rupture ? Pourquoi j'ai tout planté ? Je veux la revoir, je veux la revoir. Lui faire l'amour. Le sexe me manque.

Les séances de travail préliminaires sur *L'acteur studieux* prendront fin demain. Le contrat moral passé avec les acteurs est la réécriture du texte initial à partir de cet atelier collectif.

Romain s'est donné un mois et ne sait vraiment pas par quoi commencer. Il a trouvé un job à mi-temps dans une boîte de phone-marketing.

Chaque soir, entre 17 et 21h, Romain demande à des ménagères débordées ce qu'elles pensent des couches-culottes *Peau Pouce*, avec, en fond sonore, une marmaille hurlante.

Il est bien reçu…

Thierry, le chef de service est compréhensif et recrute son staff parmi des comédiens en transit. Ils ont, d'après lui, un sens inné de la communication. Leurs fréquents et impérieux besoins d'argent en font une population fidèle dans un secteur d'activité où le travailleur est aléatoire… À l'entrée du « phoning » est posée une grande affiche sur laquelle on peut lire : *Keep cool.* Humour bien vu et conseil avisé. Les pauses sont surréalistes, animées et culturelles.

Camille, les mains sur le ventre qui porte son petit troisième, écoute Jacky vilipender la mafia mondaine du septième art. La « clique » engage des joueurs de foot pour faire l'acteur. Il s'emporte : « Bordel de merde, est-ce que je me mêle de foot, moi ? M'a-t-on jamais vu sur un terrain de foot ? J'ai cinquante balais, un gosse à élever. Je lui ai dit, à la directrice de casting, "Prévenez Randonna : le prochain penalty sur son futur match, je le marque. Et dans le camp adverse." Nadège expose des mains aux ongles parfaits. Christine tourne en ce moment, avec Bohringer.

« La roue tourne », dit la mère de famille. « Les valeurs sûres finissent toujours par rebondir », affirme Jacky.

Puis retour chez *Keep cool*. Le salaire est compté juste : une poire pour la soif.

Vendredi soir, 22h. Romain traîne au bureau. Nadège se penche au-dessus de lui, écrase sa cigarette. Son pull effleure la joue de Romain. C'est doux.

– Alors, ma poule, on fait du zèle ?

Elle rit. Son pull-over, volontairement trop court, lui dénude le nombril. Il lui pince la taille. Elle lui prend la main, la pose à plat sur son ventre… Romain est bien éduqué. Il l'a toujours été, c'est comme ça. Il est pétri de valeurs morales passéistes, de courtoisie d'autrefois. Il laisse sa place à une personne plus âgée dans le bus, aide un aveugle à traverser la chaussée, tient la porte ouverte devant une future mère et ne monte jamais un escalier derrière une demoiselle en mini-jupe.

Si, au cours de ces dix dernières années, il ne s'est pas privé d'orgies à la petite semaine, cette façon cavalière, in, dans le coup, dans le vent, qu'ont les filles de l'allumer, l'intimide. Le machisme féminin fait voler en éclat la haute opinion qu'il a de

« la » femme, l'unique, la parfaite… Les filles comme Nadège ont parfois un sens de l'humour pervers : touchez-les, elles vous remettent à votre place et disent, hautement et intellectuellement choquées : « C'était juste pour rigoler. »

Il se méfie, la regarde. Il n'y a pas de doute possible : les yeux de la jeune femme sont étonnés et son sourire apitoyé. Elle est en train de le confondre avec un maladroit…

Ils ont quitté le bureau, pressés par le désir. Ils n'ont même pas pris un verre, essayé de savoir ce qu'était cette envie solitaire de l'un, de l'autre. Dans la rue, leurs doigts entrelacés se harponnaient.

Immeuble vieillot, porte cochère, il pleut. Dans l'angle du mur, Romain, avide, palpe, caresse un corps doux qui se dépenaille de ses couches vêtues : pull par-dessus la nuque, bouton de jeans arraché…

– Pouvez pas aller ailleurs ? Je vais appeler les flics, cochons ! grogne la gardienne.

– Ta gueule, bobonne, vocifère Nadège.

Elle chuchote à son compagnon :

– Faut la comprendre, ça fait trente ans qu'elle baise plus.

Romain lui rend un baiser de circonstance, même si au fond la situation le met mal à l'aise. C'est pas le zoo, quand même…

Nadège l'entraîne. Les sept étages à gravir n'entament pas leur ardeur. Bacchanales essoufflées dans un deux-pièces éteint, ils commencent à se chahuter sensuellement dans la cuisine, rampent jusqu'au canapé-lit.

Soudain, Nadège murmure :

– T'as ton cache-nez ?

C'est quoi, ça ? Il questionne, vraiment surpris.

– Quoi ?

– Pour vivre longtemps, vivons couvert…

Ah oui… La pub a raison de préciser *Dussex, pour les moments où on oublie tout.* Il repart à quatre pattes à travers cet appartement étranger, se cogne, cherche fébrilement son jeans… Ne trouve pas l'interrupteur… Fouille ses poches… C'est pas vrai : il n'en a pas. Nom d'un aphrodisiaque, il n'en a pas ! Nadège le rejoint.

– T'en as, toi ? espère-t-il.

Elle dénie, et elle sourit. Comment peut-on sourire dans un moment pareil ?

– C'est pas grave. On fait un petit câlin, et puis dodo.

Elle va se recoucher. Elle ne peut pas lui faire ça ! Il lui jure, croix de bois, croix de fer, il ne l'a pas. Le sida, il ne l'a pas. Il fait régulièrement des analyses. Défécation, il ne l'a pas !

– C'est une question de vivre ou mourir, rétorque-t-elle, sans appel.

Il s'allonge à ses côtés, essaie de penser… D'éviter de penser, surtout. Quelque chose griffe sa joue, et il l'entend rire doucement : elle agite sous son nez l'objet du délit.

Sauvé par l'intuition féminine.

Il n'est pas amoureux. Au matin, il ne la connaît pas plus qu'hier. Ils prennent un petit déjeuner embarrassé : moment ourlé de silences têtus et de platitudes bienvenues, tendresse jouée, sensualité crispée. Il s'étonne, pour lui-même, que ces « pets de désir » s'effacent aussi rapidement que de la buée sur une vitre. Elle demande sur un ton de vieux baroudeur :

– Tu m'aimes ?

– Tu es très belle, très douce.

C'est tout ce qu'il trouve à dire, et il se sent pitoyable, injustement lâche.

Elle murmure :

– L'amour, c'est hygiénique... Comme prendre une douche le matin.

– Ouais, ça détend.

Silence entre eux, comme un mur de circonstance. Il termine son café, se lève, hésite, dit tout bas :

– Aide-moi à partir.

Elle répond, comme si elle n'avait pas entendu.

– Claque la porte en partant. Elle ferme mal. À lundi, au boulot.

Il l'embrasse sans croiser son regard et s'en va.

Dans un café, Romain remanie *L'acteur studieux*, brouillonne une note sur la feuille.

J'en ai marre. À qui cela sert-il ?

Rapport à la célébrité, rapport à la célébrité, mais tout le monde s'en fiche. Moi, ça m'a troublé, je n'ai pas aimé cette relation aux autres. Ça n'intéressera personne. Pourquoi ne pas écrire une histoire sur le Sahel, ou la guerre d'Algérie. Voilà un sujet dramatique...

Vide blanc sur la page lignée.

Il relit la dernière page de la filmographie de Robert De Niro qu'il a emportée avec lui. Elle épilogue sur plus de vingt ans de prestations cinématographiques en ces termes : *Robert De Niro est une énigme.*

Voilà qui va l'aider...

Il rentre chez lui. Sur le répondeur à nouveau actif, trois messages de Nadège. Sur le dernier, elle pleure, l'insulte. Elle angoisse, semble-t-il, prise dans un piège qu'il ne lui a pas tendu. Leur relation éphémère était pourtant consentie, consentante, où est le traquenard ? Il range la chambre, se sert un verre. Nadège rappelle.

– Tu arrêtes de me gonfler ? dit-il, gentil et las.

Elle hurle :

– Salaud !

Il demande si elle a bu. Des sanglots lui répondent. Il essaie d'être calme, posé, d'éclaircir un malentendu qu'il discerne mal.

– Je t'aime beaucoup. Mais à salaud, salope. Je ne suis pas prêt à renouer une histoire avec quelqu'un. Je sors d'une rupture, ce n'est pas facile.

Elle se dit désolée, se sent ridicule, pleure.

– Pour moi, ce n'était pas juste comme ça.

– Faut prévenir !

Silence, entrecoupé de spasmes plaintifs. Elle l'embarrasse. Elle raccroche, il reste avec le combiné en main.

Il enfile son blouson et sort. Il a besoin de voir Hélène. Vraiment besoin de la revoir. Il l'appelle d'une cabine.

– S'il te plaît, ne raccroche pas… Laisse-moi te voir.

– Viens.

Il court et se presse.

Derrière la porte qu'elle ouvre enfin, elle le regarde, sourit, le moque.

– T'as l'air d'un cocker qui a perdu son maître.

La familiarité du lieu lui serre la gorge. Le chat l'ignore et refuse ses caresses.

– T'as un truc à boire ?

Elle lui indique une bouteille de porto à moitié pleine sur la table basse. Il y dépose son carnet, se sert.

– Ça ne change pas, dit-elle.

Il lève son verre dans sa direction et trinque avec le vide.

– Toi non plus. Tu as bu l'autre moitié seule ou tu as reçu quelqu'un ?

– Les deux. Il a bu le whisky, et moi le porto.

– Et c'est sérieux ?

– Qui sait ?

– Ne joue pas avec mes sentiments. C'est déplacé.

– Pourquoi voulais-tu me parler ? Depuis la dernière fois, je n'ai plus rien à te dire…

– Je voulais discuter, c'est tout…

– De quoi ? Du porto ?

– J'avais besoin de tendresse et de réconfort.

– Je ne suis pas le samu.

– C'est qui ce mec ? Le mec au whisky ?

– Un besoin de tendresse et de réconfort.

– Parlons d'autre chose.

– Dehors, il pleut. Hier, il faisait soleil. Mon coiffeur s'est fait un brushing et…

– Ton humour est amer.

Il se ressert à boire. Elle s'assied à ses côtés, prend le cahier qu'il vient de poser sur la table, l'ouvre, le feuillette. Il se rebiffe.

– C'est personnel… mes notes de travail.

Elle passe outre, tourne les pages, lit à voix haute.

– *8.20, Monsieur, vous trouverez ci-joint…* Qui est Monsieur ?

Il ne répond pas. Elle persifle.

– Les acteurs pygmalions… Hi l'ami… Rapport à la célébrité : beau sujet pour un raté…

– Donne-moi ça.

Elle lui tourne le dos, continue.

– *J'ai fait de sa vie un hall de gare… Lui faire l'amour…* Faire l'amour à qui ?

Il lui arrache le carnet.

– C'est personnel. Et je ne suis pas un raté. T'as jamais rien foutu de ta vie, toi !

– Et tu viens me coller ça sous le nez ? Goujat !

– Tu imagines être seule à souffrir ?

Elle hurle des phrases sens dessus dessous.

– Nos photos de vacances… Tes cheveux sur la brosse, un rasoir sans lames… Tu m'as tout laissé, dans le moindre détail, poétique ou banal… J'ai eu le choix des larmes… Pas un coup de fil… Pas un mot… J'ai remboursé les dettes, et tes copains appelaient… Je ne savais pas où tu étais… Ça se fait, ça ? Dis, ça se fait ?

Il se tait. Elle renifle, dit, plus calme :

– J'ai résisté, puis je les ai lues, tes fameuses notes oubliées dans nos placards. J'y cherchais des moments à nous, des disputes, des traces de notre existence. J'y ai trouvé : le théâtre, le théâtre, encore et toujours le théâtre. Des pages entières sur la scène, les comédiens, et sur l'acteur aux mille visages, le caméléon, également surnommé l'Empereur, j'ai cité l'irremplaçable…

– J'écris une pièce sur ce gars-là.

– Ça fait un an que tu parles de lui ! Tu es pathétique !

– Le texte est écrit, je viens de terminer un stage avec des comédiens, c'est sérieux.

Elle s'obstine.

– Des pages entières, et pas un mot sur moi. J'ai pas existé.

– Si !

– On n'a même pas eu d'enfant.

– Je t'en ferai. Tout plein, tout partout.

– Je t'interdis de dire ça.

– Je l'dirai plus.

– Tu vis dans tes rêves, pas dans la réalité.

– Je me cherche, j'ai le droit de chercher…

– Quand je t'ai connu, tu étais acteur. Il y a trois ans, tu étais nominé meilleur jeune espoir. Depuis, c'est le carambolage, le suicide moral en série. Ton agent a appelé je ne sais plus combien de fois… Il n'appelle plus.

– Tant mieux.

– Mais t'es dingue !

– Je ne veux plus de cette vie-là. Elle me détruit. Je ne suis pas fait pour elle. Je veux une existence calme, être entouré de gens simples, sains, gentils, pas difficile à comprendre, et de toi. Et écrire…

– C'est nouveau, ça vient de sortir ?

Il se défend.

– Mais j'écris !

– Pour tes tiroirs ? Le prochain succès, Romain, le prochain vent de réussite, sera ta prochaine crise ? Tu repartiras, Dieu sait où, tu feras table rase à nouveau et tu décideras peut-être à ce moment-là de devenir ermite ? Tu me planteras là, avec le chat, les plantes, les enfants, si cette nouvelle mouche t'a piqué, le téléphone impayé, et tes bons amis qui me feront courtoisement comprendre que je suis ta groupie un tantinet idiote. Tu t'acharnes à perdre. Et tu y mets une sacrée foutue volonté. Je suis comme tout le monde : j'aime celui qui, en toi, s'acharne à réussir.

– T'as qu'à aimer les deux.

– L'un ne va pas sans l'autre ?

– Non.

– J'peux plus.

– Hélène…

– Non, je ne peux plus. Si tu m'aimes, laisse-moi choisir ma vie, moi aussi. Je t'aime. Je t'aime de tout mon cœur. Mais je ne peux plus.

Le silence effeuille entre eux les gestes du quotidien : leurs mains se croisent, leurs doigts s'unissent et se serrent, caresses sur la joue, baisers fous, larmes amères…

Il se lève, dit :

– Je te laisse.

– Tu peux rester.

– Je ne demande pas la charité. Je t'aime. Je t'aime vraiment. Ne me raccompagne pas, je connais le chemin…

– On se téléphone ?

– Ouais, ouais, on se téléphone…

Il l'embrasse rapidement et s'en va. Il court dans la rue. Les passants évitent ce chagrin qui passe à travers eux…

Il passe le reste de la semaine momifié devant la télévision, à fumer, boire, sans manger. Il a laissé le téléphone décroché. Lundi, mardi et les autres jours, il n'est pas allé travailler. La chambre sent le sûri. Il écrit.

Chaque espoir meurt.
Je suis un rêveur.
Un triste sire de la défaite.
Pathétique. Pas sérieux. Nous n'avons pas eu d'enfant.
Papillon cafard
Papillon du soir
Font crisser leurs ailes, grinçant désespoir.

Dans l'Antiquité, des mouches mythologiques venaient ainsi torturer l'âme des vivants pour leur faire expier leurs crimes. Elles bruissaient, furieuses et déchaînées, jusqu'à la rémission sanglante du supplicié.

Elle a dit que… Beau sujet, un raté…

Plusieurs jours passent. La faim ne le pousse même plus dehors, mais le tabac et la boisson, oui. Il sort, non peigné, barbe poussante. Il a touché son salaire sur son compte postal, en a extrait l'intégralité et l'a enfoui au fond de sa poche.

Mohamed l'épicier, toujours souriant, lui demande gentiment :

– Tu as gagné au loto ?

Romain transpire l'alcool par tous les pores de la peau. Hier, inquiet de ne plus avoir de nouvelles, un acteur de la troupe est passé chez lui. Ils se sont croisés dans la rue. L'autre l'a regardé, ahuri.

– Tu as la tête d'un chien qui vient d'enterrer son maître.

Romain a donné pathétiquement le change.

– C'est la création, je carbure dur. Et toi, ça boume ?

Le comédien a souri, pas dupe, encore fraternel, prosaïque.

– Dis, on a besoin de toi. Qu'est-ce que tu fiches ?

Romain n'écoutait plus. Il s'est laissé aller sur l'épaule de l'autre et a sangloté, ivre, des larmes d'ivrogne. Le compagnon l'a aidé à remonter les étages, Romain a refusé de le laisser entrer. L'ami l'a fait s'asseoir contre le mur, l'a morigéné.

– Mon pote, faut te ressaisir. Les coups de blues, ça nous arrive à tous… Sors-toi de là… On bosse gratis pour toi, j'y crois, moi, à ta foutue pièce… Sinon, je serais pas là à te chouchouter.

Cette nuit-là, Romain a dormi à même le sol.

Il déchire ses notes, arrache, taillade les photos du passé, collées en patchwork sur l'armoire. Il écrit au gros feutre sur le mur : *Salope ! Pour toi, j'voulais me battre.*

Le passé s'est tu, et l'avenir est muet. Il ne reste plus qu'à assassiner le présent.

C'est ce qu'il fait, ce matin-là, avec une conscience calme, un souci du détail dans l'organisation de son propre meurtre.

Il classe avec soin et empile les papiers administratifs dans un carton, inscrit sur les rabats IMPORTANT. Il détruit les cahiers, les feuilles, poèmes, lettres, cartes postales, essais pour la scène, son dossier de presse, ses curriculum vitae, *L'acteur studieux*, pièce sans autre avenir que le sien peut-être, mais elle lui permettait de flotter et parfois de s'accrocher à la présence imagée de son illustre personnage. Il tasse dans un grand sac ce qui rappelle qu'un homme est passé par là, a vécu, a souffert, a rendu la souffrance. Il y a dans ses gestes glacés un mépris définitif de lui-même, de la tolérance de soi et des autres. C'est un crachat de pus, la gerbe d'un ego malade vomie à la gueule du monde.

Il écrit à ses parents, deux mots : *Pardon, merci.*

À l'abri du champ clos de ses souvenirs, les images défilent : *les pluies contre les toits en pente, les orages blancs, l'ombre des feuillages après l'éclair, les chaumes liés en cônes, les bourdons bruissants, les pollens diaphanes, une femme, une vague dressée, immense, immobile.*

… L'artère qu'il a réussi à entailler fait gicler le sang.

Il n'en a jamais vu autant, c'est le sien. Il reste hébété, s'affole, sort, se traîne, atteint l'escalier, y culbute. L'immeuble est muet, les voisins de palier sont tragiquement absents. Il parvient jusqu'au trottoir. Tombe contre le torse d'un homme, dit : « Je suis blessé. » Le passant le repousse : « M'emmerde pas. » Il relève le col de son manteau et passe sa route. Romain tombe sur les genoux, glisse sur le côté. Grisaille, brouillard, des pointes de chaussures mouillées de toutes les couleurs, des talons qui s'enfuient, le ruisseau engorgé du trottoir court vers la grille des champs, des sons absurdes, des cris muets. Inconscience.

Brume blanche, cotonneuse, voile d'un rideau ocre, et le réveil en douleur d'un corps torturé… Une porte est ouverte, des bruits lui parviennent. Il crie « Oh ! » plusieurs fois. Claquements vifs de talons sur un sol lisse, une infirmière entre. Elle lui indique la poire blanche dont le fil pend au-dessus du lit.

– Il y une sonnette, mon garçon… Comment allons-nous ?

– Nous l'ignorons.

Elle lui adresse un regard perspicace.

– Vous êtes en neurologie, le médecin responsable du service passera à onze heures. Devez-vous uriner ?

– Non.

– Vous ne devez pas vous lever, aujourd'hui. Que voulons-nous manger ? Purée ou frites ?

– Pourquoi dites-vous « nous » en parlant de moi ?

Elle l'envisage, interloquée.

– Je ne sais pas…

– Appelez-moi « tu », vous voulez bien ?

Elle sourit.

– Comme tu veux… Je suis l'infirmière responsable du service. Si tu as un problème avec le reste du personnel soignant, c'est à moi que tu en réfères, pas au médecin. Nous sommes bien clair ?

Le ton ne laisse pas de place à une autre alternative. Il hoche la tête, affirmatif. Il éprouve le besoin de se confier.

– Pour hier, je ne sais pas ce qui m'a…

– Eh bien, nous avons fait une grosse bêtise.

Elle le considère, attentive. Romain rougit. Elle soulève le dossier accroché à la tête du lit, griffonne quelques hiéroglyphes médicaux.

– À tout à l'heure. Sonne, si tu as besoin de quelque chose.

Romain reçoit la visite de l'administrateur adjoint, s'acquitte des formalités d'usage. Puis celle, bienvenue, du médecin. Il lit sur le badge accroché à la blouse : Docteur Philip, médecin-chef, service psychiatrie. L'homme s'assied, questionne.

– Alors ?

Romain le dévisage, inquiet. Le praticien attend, sans heurter le silence entre eux.

– L'infirmière m'a dit que j'étais dans le service neurologie.

– Consigne élémentaire dans le bloc : ne pas affoler le patient. Tu es placé dans le service psychiatrique de l'hôpital X, Paris Nord.

– On va me garder ?

– Pas, si tu ne le veux pas. Nous allons te soigner, et tu décideras si tu te sens assez fort pour sortir, ou si tu préfères rester quelque temps parmi nous et te reposer. Tu es en sécurité ici.

Le mot fait pleurer Romain. Des larmes silencieuses. Il avoue, abruptement :

– Je bois.

– Beaucoup ?

– Trop.

– Trop, c'est beaucoup pour toi ?

Romain le regarde, piqué dans sa logique.

– Tu peux me le dire, je suis médecin.

Romain se passe la main sur le visage.

– Je ne sais pas…

– À la louche… Grosso modo…

Romain le détaille, sur le qui-vive.

– Deux, trois bouteilles de vin par jour. Depuis quelques semaines, je suis passé aux alcools forts, chaque fois que j'en ai l'occasion.

Une vrille lumineuse traverse le regard de l'autre.

– T'as le foie solide. Le mien aurait déclaré forfait…

Romain se détend, envisage ce confident professionnel assis, paisible, face à lui. Il n'y a sur son visage rond aucune trace de curiosité déplacée, de quant-à-soi choqué, de jugement perceptible. Il écoute, attend. Son patient marmonne.

– C'est beaucoup trop.

– C'est une consommation très élevée. Tu décides du nombre de verres que tu prends, Romain. Tu es le seul maître à bord. Si tu estimes que c'est trop, il existe des traitements adaptés qui aideront ton organisme à passer le cap du sevrage.

– Je suis alcoolique ?

– As-tu besoin d'alcool ?

Romain acquiesce.

– Depuis longtemps ?

– Au début, je ne m'en suis pas rendu compte. Un soir, j'étais avec une copine, chez nous. Je lui ai tendu mon verre, je lui ai demandé un porto. Elle m'a répondu : « Tu as déjà terminé la bouteille. » C'était il y a trois, quatre ans…

– Depuis, tu as toujours bu à cette cadence ?

– J'ai essayé de contrôler, mais…

– C'était dur ?

Romain confirme. Son interlocuteur a un sourire très doux.

– Nous reparlerons de tout ça demain, à la consultation. Je t'y inscris. Si tu choisis de rester quelques heureux jours en notre compagnie, c'est la caserne : lever à 7h, tu fais toi-même ton lit. Ensuite, tu as toute la journée pour te reposer, réfléchir, te détendre. Nous nous verrons une fois par jour, ça marche ?

Romain réfléchit, suppute, accepte. Le docteur Philip se lève.

– Docteur, c'est grave, ma blessure ?

– Tu as réussi à atteindre l'artère fémorale. Tu as eu une chance de pèlerin. La mutilation que tu t'es occasionnée provoque le coma en un temps record, et la mort sans intervention extérieure rapide. Sans ton réflexe, très à propos, de te précipiter hors de chez toi, nous ne serions pas en train de nous parler. Enregistre-moi ça dans ton légitime désir de survivre, Romain.

Il lui adresse un petit signe, se dirige vers la porte.

– Docteur…

L'homme se retourne.

– Je voudrais voir un prêtre.

– Je crois que nous avons une soutane en rayon. Je signale ta demande à l'infirmière.

– Merci.

Le docteur Philip sort, médite jusqu'au malade suivant : c'est bien, le patient est réceptif.

Les lueurs de la ville viennent mourir à l'orée du rideau mal fermé. Romain est allongé sur le dos, les yeux ouverts. La nuit passe, lente, et chaque minute compte à nouveau. Il s'endort au petit matin.

Des caresses agressives le réveillent, et le bruit de sanglots alarmés, incrédules. Sa mère. Petite, ronde, les cheveux blancs, le visage ravagé. Son père se tient debout derrière elle, modeste, discret, désapprobateur et embarrassé. Romain dit, incertain :

– Salut…

Papa attaque l'iceberg de front.

– Qu'est-ce qui t'as pris ?

Son fils se défend.

– J'ai rien fait du tout.

– On aurait pu aller à ton enterrement jeudi qui vient.

De grosses larmes le submergent. Romain se sent broyé, déchiré.

– Je suis désolé.

– À ton âge, je travaillais. Je me « suicidais » pas.

Maman pleure.

– Pourquoi tu as fait ça ?

C'est inextricable… Romain s'emporte.

– Je ne sais pas. Ça fait dix ans que je ne sais plus rien de vous, et ça vous arrange au fond. Quand ça marche pour moi, vous êtes contents pour vous. Quand j'ai besoin d'un coup de main, je peux aller me faire foutre.

Sa mère se révolte.

– Tu es injuste.

– Si tu parles pas, on peut pas savoir, dit son père, catégorique. Tu nous as fait beaucoup de mal. Tu peux être fier de toi. Ta mère a failli en…

Romain crie :

– Et mon mal à moi, t'en as rien à faire ? Moi non plus, je ne suis pas fier de toi. Quand je fais la une, tu te balades avec ma photo dans la poche, tu la montres à tes bouseux de copains en disant : « Mon fils est acteur. » Mais la mouise, c'est pour moi. Tu es comme Hélène. Vous êtes bien tous les mêmes. Fichez-moi la paix. Je n'ai pas envie de vous voir. Fallait venir plus tôt !

Il pleure. Son père est blême, raidi sous l'outrage, tragique. Sa voix chavire quand il dit :

– Viens, Marie, on s'en va.

Marie sanglote des « C'est mon fils, c'est mon fils », mais suit cet époux, comme elle le suit toujours depuis plus de trois décennies, c'est son histoire à elle. Romain les entend se disputer à son sujet.

Il veut les rappeler, crache des larmes et bride cet élan avec une rigueur d'enfant blessé.

Ils sont partis… Le jeune homme sonne. Une autre infirmière entre. Romain demande de quoi écrire.

Tout ce qui s'oublie ne se dit pas, tenu au secret dans les prisons de bienséance dont les otages ont eux-mêmes jeté la clef.

Il est interrompu par l'arrivée de Nadège ; elle s'approche du lit et exprime une compassion inquiète. Il s'exaspère.

– Comment as-tu su que j'étais ici ?

– L'hôpital a prévenu le bureau et…

Elle lui tend un journal. Il fait la Une. En médaillon, une photo prise il y a trois ans : il y apparaît gai, jeune, insouciant, lumineux d'un bonheur agressif. Au bas de l'article, l'image blessante : lui, aujourd'hui, barbu, égaré. Ça fait penser à une publicité pour régime amaigrissant : avant, après. L'auteur du papier, voulant faire preuve d'originalité ou de pudique sobriété, a intitulé son article *Traversée du désert.*

Romain lit, anxieux : *Descente aux enfers pour ce jeune comédien qui avait un avenir si prometteur il y a à peine trois ans, et dont la prestation remarquable dans le rôle d'Oreste de la tragédie des Atrides avait séduit un très large public au Festival d'Avignon. Il a été retrouvé exsangue, baignant dans une mare de sang, aux abords d'un trottoir parisien, oscillant tragiquement entre la vie et la mort, hier soir. S'il subsistait un doute sur le caractère suicidaire du magnifique interprète de* Absolument fictif et pourtant vrai, *sa tragique blessure à la jambe viendrait nous le confirmer. L'agent du jeune acteur, disparu depuis trop longtemps des écrans et des scènes de théâtre, nous a confié : « J'ai plus de nouvelles de Romain depuis plusieurs mois. Je lui ai récemment signifié que je mettais fin à notre collaboration. » Son ex-petite amie, découragée, a rompu leur relation il y a quelques jours et s'est refusée à tout commentaire. L'acteur ne l'a pas supporté et a, semble-t-il, accéléré un processus d'auto-destruction inexplicablement engagé ces récents mois. Il a refusé catégoriquement de recevoir la presse. Nous lui souhaitons pourtant des jours plus heureux…*

Nécrophages ! Oiseaux de la mort repus de sa détresse ! Romain froisse le quotidien. Nadège lui effleure le bras d'un geste amical.

– Je n'ai pas envie de te voir.

– Pourquoi ne m'as-tu pas téléphoné ?

La question le surprend, il dit froidement :

– Tu n'es pas une amie. Tu ne faisais pas partie de mon passé, tu ne feras pas partie de mon avenir.

Il se repaît de sa cruauté. Des larmes de solitude emplissent les yeux de Nadège, reine sans couronne d'une tragédie banale. Elle ramasse son sac, cache ses pleurs et fuit.

– Nadège, attends…

Il entend des sanglots hurlants décliner dans le couloir.

C'est son jour de cruauté.

Il fait une boule avec le journal.

C'est son jour, son jour de triste gloire.

Il boude, têtu, renifle, boudeur.

Gris, un homme gris. C'est la première image que Romain a de lui. Une grisaille douce qui marche à pas feutrés.

Il entre et se tient parallèle à la barre du lit.

Romain lui lance un bonjour interrogateur. Son visiteur lui fait face, tend la main :

– Père Paul.

Serrement sans pression, paume douce. Le jeune homme se présente, attend. Le prêtre tousse, hoche la tête, dit doucement :

– Je ne sais pas très bien réconforter mes semblables. Vous attendez du réconfort ?

Il le regarde, son attente est anxieuse. Il a l'expression naïve et chiffonnée d'un gamin qui va passer un examen. Romain sourit.

– Vous venez de me réconforter. Je vous en prie, asseyez-vous.

L'homme obéit lentement.

– Je voudrais me confesser.

Le prêtre sort une étole de sa mallette, la passe autour du cou.

– Bénissez-moi, mon père, parce que…

– Je vous bénis, mon fils.

Romain est surpris d'être interrompu dans la formule rituelle.

– Pardon ?

D'un geste, le prêtre l'engage à poursuivre.

– Je m'accuse d'avoir manqué à ma parole. Il y a quelque temps je suis entré par hasard dans une église, j'ai eu le sentiment d'y être bien reçu. En sortant, j'ai promis d'assister à la messe de Noël. Je suis blessé, je ne pourrai pas tenir ma promesse. J'ajoute que je me suis mutilé volontairement, dans l'intention de mourir. Je ne regrette pas ce geste. Si Dieu m'a donné la vie, elle m'appartient. Je regrette seulement de manquer à ma parole.

Le prêtre se gratte l'oreille.

– Vous êtes dur aux autres. Je suis prêtre catholique. Le suicide est un crime envers Dieu et vous-même.

– C'est ma vie.

– Il ne vous arrive jamais d'exiger quelque chose pour vous-même ?

– Si.

– Lui aussi… Voulez-vous en échange qu'Il vous adresse une proposition contractuelle en trois exemplaires ? Ce n'est pas un si grand effort de se laisser vivre. Pourquoi êtes-vous si pressé de nous quitter ?

Romain reste coi.

– Regrettez-vous de ne pas l'avoir respecté ? (Il pèse ses mots.) D'avoir offensé son libre arbitre ?

Romain se révolte :

– Non !

– Vraie tête de cochon !

– Pardon ?

– Sourd comme une enclume !

– Vous n'avez pas le droit de…

– Je le prends. Pardon, j'existe. Je ne suis pas une soutane passant entre les murs et les affiches.

– Vous me la donnez l'absolution ?

– Ce n'est pas une médaille en chocolat ! Acceptez-vous au moins de réfléchir ?

Romain questionne, rogue :

– Réfléchir à quoi ?

– Quelles que soient vos convictions, au fait de ne pas insulter ma foi et le Dieu que je sers en le confondant, lui et moi, avec le *MacDo* du coin…

– Je ne voulais pas vous insulter. Mais vous me remontez vachement les bretelles.

Père Paul l'envisage, attentif. Conclut :

– Je reviendrai jeudi.

– Et l'absolution ?

– Jeudi.

– Si je meurs d'ici là, vous aurez mon péché sur la conscience.

– C'est mon métier de porter le remords des autres.

– Jeudi ? Alors, jeudi, vous me la donnerez, l'absolution ?

Père Paul l'introspecte en silence. Romain s'obstine.

– Pardonnez-moi au moins le péché que je vous ai avoué. Ça, vous pouvez me l'accorder ?

Le père sourit de l'œil, lueur qui pétille, généreuse.

– Jeudi, répète-t-il.

– Ne le prenez pas de travers… Mais c'est qui, en ce moment, la tête de cochon ?

Père Paul lui tend la main, rieur.

– À jeudi.

Étrange bonhomme, ce prêtre entêté.

Ils ont branché le téléphone dans sa chambre, Hélène l'appelle.

– Comment vas-tu ?

– Question inutile.

Souffles et pleurs à l'autre bout du fil.

– Ce n'est pas de ma faute.

– C'est de ta faute, aussi. Je ne vivrai plus jamais avec personne. Vivre avec quelqu'un, ça devrait vouloir dire : l'aimer.

On devrait toujours trouver suffisamment d'amour à deux pour en aimer un seul de toutes ses forces. Vivre ensemble revient un jour à tolérer que la douce moitié « pète » au plumard, et on appelle ça « un beau couple ». Je finirai vieux garçon. Ils diront de moi : « Il a raté sa vie sentimentale », j'écrirai mes mémoires dans un vieux jardin hollandais, j'évoquerai mes grands déséquilibres...

– Je t'aime.

– Je t'aime...

La nuit est revenue avec ses bruits familiers, bruits oubliés. Pourquoi ne les percevait-il plus du haut de sa tour déchue ? Il s'endort.

Mab, la fée accoucheuse de rêves, l'entraîne au bas d'un escalier. Les degrés sont tranchants. Chaque marche fait saigner le haut de sa cuisse, il ne sent pas la douleur. Il parvient à une porte fermée par un cadenas. Le verrou saigne, la porte s'ouvre. Dans un grenier brillamment éclairé, des gens joyeux boivent du champagne : son père, sa mère et le chef de la boîte de marketing. Sa mère lui dit : « Nous allons te couper la tête. » Le leitmotiv devient scansion. Romain s'éveille, en sueur, cherche la sonnette nerveusement. Une silhouette se tient au bord de son lit. Le fantôme fait entendre une toux aiguë, névrotique, et secoue frénétiquement les jambes du jeune homme.

– J'ai perdu mes clefs, dit l'esprit très vivant.

– Hein ?

– Vous n'avez pas vu mes clefs, je ne trouve plus mes clefs, je dois retrouver mes clefs...

Plein feu brutal dans la chambre ocre, l'infirmière en chef y entre, énergique.

– Marcel, que faisons-nous là ?

Royale et majestative.

Romain montre l'homme pleurant en face de lui.

– Il cherche ses clefs.

– Nos clefs sont dans la chambre, il est l'heure de dormir.

Elle prend le noctambule insolite et le mène par les épaules, il sanglote à fendre le cœur des pierres.

– Mes clefs, je dois retrouver mes clefs.

Romain éprouve une pitié profonde.

Sous la lumière de la veilleuse, il écrit :

Quand on vous prend pour un imbécile, on s'occupe de vous avec un esprit utilitaire et pratique, on vous pousse du lit au fumoir et du fumoir au lit... Il ne vous manque plus que les roulettes pour ressembler à un vieux meuble d'infirmerie. Vous pleurez des douleurs mortes et cherchez de nouveaux amis, dans le dédale d'un esprit incarcéré, à travers des couloirs silencieux et aseptisés. Mais l'on vous pousse encore, et puis on vous recouche, un valium sous la langue, un spasfon pour le ventre et on vous interdit de vous lever.

De jour en jour, de nuit en nuit, vous attendez l'ultime matin, la dernière brume, la lumineuse faucheuse. Elle vous emmène, vous et votre regrettable histoire de clefs. Personne n'en a jamais rien su, et d'ailleurs, ça ne nous intéresse pas. Et vous mourez...

Romain se rendort. La solitude a déserté son chevet.

Confrontation entre un patient et son médecin égale confrontation entre deux chiens de faïence.

Le docteur Philip tient un papier entre les doigts. Romain, assis face à lui, bras croisés, l'observe calmement. Le médecin ébrèche la porcelaine le premier.

– Vous n'avez pas bu, ni hier, ni aujourd'hui. Comment vous sentez-vous ?

– Bien.

– Pas de manque ?

– Un peu, mais pas insupportable.

– Vous avez l'impression d'être irritable ?

– Un peu énervé, fébrile…

– Fébrile ?

– Agité, survolté.

Le médecin ouvre une armoire derrière lui, sort une bouteille, deux verres, invite :

– Un petit remontant ?

Romain se tend.

– Vous me prenez pour un pigeon ? C'est quoi, votre thérapie ? De la cruauté mentale ?

– Le moyen compte peu, ce qui importe c'est la conclusion : vous ne vous sentez pas capable de boire ce verre et de vous arrêter là ?

– Mon problème, c'est l'alcool. Je vire alcoolo… J'en veux pas de votre bibine. Maintenant, vous proposez quoi ? Je vous dessine des casiers de bière, vous conclurez que, puisque j'ai mis les petites bouteilles dans les grandes boîtes, c'est parce que je refoule le symbole phallique dans les placards de mon affect ?

– L'aide psychanalytique est moins compliquée que ça.

– Je suis pas malade !

– Vous n'imaginez pas le nombre de gens potentiellement alcooliques jamais recensés dans cette ville, vivant en parfaite liberté, ne s'avouant jamais qu'ils sont alcoolo-dépendants. En tant que médecin, j'ai de sérieux doutes sur leur équilibre mental, mais personne ne penserait à les traiter de malades. Alors, voulez-vous, oui ou non, boire ce verre ?

Romain déglutit, le médecin compatit.

– C'est dur ?

Le jeune homme le fusille du regard, le docteur Philip offre, amical :

– Prenez ce verre.

Romain envoie valdinguer le gobelet contre le mur. Le médecin considère la giclure, un long moment, méditatif, reporte son attention sur le garçon.

– Quand vous serez capable d'exprimer calmement votre volonté de ne pas boire, vous dominerez votre peur de l'alcool.

– Je suis alcoolique ou pas ?

– Vous êtes en danger, vous en avez conscience. J'ai connu des patients dans ce service qui forçaient la porte de la réserve pharmaceutique et volaient des bouteilles d'alcool chirurgical. Certains « repentis » en phase terminale de la maladie résistent trois jours à un sevrage. Au bout de ce laps de temps, ils hurlent, il faut les maintenir attachés, et ils voient réellement des rats énormes marcher sur le plafond. Le delirium tremens n'est pas un mythe de la littérature fantastique.

Le docteur Philip marque une pause, poursuit, toujours doux, toujours ferme.

– Il faut décompresser. Je me suis laissé dire que vous étiez acteur. Alcoolique n'est pas votre rôle.

– Je n'ai jamais confondu la scène et la vie. J'étais juste un peu perturbé…

Le docteur Philip relit les papiers qu'il a sous les yeux.

– Vos premières analyses médicales font apparaître une carence alimentaire grave.

– J'avais plus de fric.

– De l'argent, vous en avez eu ?
– Ouais.
– Assez bien ?
– Je l'ai dépensé.
– Je ne connais pas les salaires au cinéma, mais…
– Sea, sex, and drugs !
Le médecin s'étonne, questionne.
– Vous avez consommé des produits…
– Illégaux, docteur, illégaux…
– Durs ?
– Vous en connaissez de doux ?
– Lesquels ?

Romain esquive la question, regarde ailleurs. Le docteur s'exprime posément, avec douceur.

– Je suis médecin. Alors ? Quels produits ?

Romain croasse :

– Shit.

– N'insulte pas mon intelligence. Tu n'éprouverais pas un tel embarras pour avoir fumé un petit joint entre deux portes. On n'est pas chez les bonnes sœurs, ici. J'en entends de plus dures. Quels produits as-tu consommés ?

Romain renifle :

– Un peu de coke.
– Tu en prends encore ?
– Non.

Le docteur Philip marque une pause, son silence est sceptique.

– Tu es costaud, la cocaïne est une des drogues où la dépendance est quasi immédiate. Si tu en étais encore consommateur, je t'aurais aidé à y faire face et t'aurais déconseillé un arrêt brutal. Ce parcours du combattant ne peut s'envisager seul et sans suivi thérapeutique. Le problème de la dépendance masque un manque plus profond, un déséquilibre initial. Un migraineux n'analyse pas les causes de sa céphalée, il prend une aspirine. Il dérègle sa chimie organique, aggrave son mal la plupart du temps et passe à un analgésique plus puissant quand l'aspirine est devenu inefficace. Il débarque dans mon bureau au bout de quinze ans, et il faut refaire le parcours en sens inverse, découvrir la cause profonde de cette douleur et colmater tant bien que mal les fissures provoquées par cette médicamentation sauvage. Le consommateur de drogue n'est pas un malade à part. Son comportement est très humain. Fatigué ou sous pression, et l'occasion se présentant, il essaie d'effacer le manque initial. Réflexe du migraineux… il passe à autre chose quand ça n'a plus d'effet. La différence, c'est qu'il ne sait pas ce qu'il prend. Et moi non plus. L'aider à se désintoxiquer est un véritable casse-tête. De bonne foi, il me dit prendre de la cocaïne, je lui prescris un produit de substitution adapté à ce qu'il croit consommer. Le marché de la drogue n'étant pas contrôlé, les doses sont coupées avec n'importe quoi : craie, farine, aspirine, strychnine, morphine, tant qu'à faire… Les produits de substitution sont souvent de meilleure qualité, et voilà mon toxicomane déjà accro à sa dope habituelle devenant dépendant de mon produit palliatif… C'est un cercle infernal. Tu n'en prends vraiment plus ?

Romain confirme, résolu, porte une main au cœur et crache par terre. Le docteur a une moue épatée.

– Ne replonge pas, même pas des yeux. Et considère-toi comme une victime, fragile et toujours consentante. Je te félicite et t'engage très fermement à ne pas provoquer ta chance une seconde fois. Comprende ?

– Si.

Le médecin sourit.

– Et ton travail ? C'est un métier exigeant. Comment conciliais-tu…

– J'essayais de ne pas y penser. Pour le front de rue, tout le monde est clean. Entre initiés, on se comprend sans en parler. Tous ceux qui en prennent ont peur. Mais de cette peur, on ne parle jamais. Avec le temps, ça paraît moins dangereux. Personne n'incite personne à « s'initier ». Mais on vous regarde tellement comme le puceau pas encore défloré… C'est de la parade. Avec le temps, on n'y voit plus rien de répréhensif, de véritablement dangereux. C'est une vraie souffrance, une peur intime.

Romain se tait. Le docteur Philip dit, doux.

– C'est le moment d'en parler. C'est ta vie, ta peau. Ces produits sont des toxiques, et personne n'échappe à leurs séquelles.

Romain se frotte la nuque.

– Dites-moi docteur… Franchement, qu'est-ce qu'on risque ?

Le médecin l'envisage, consterné, usé.

– T'aimerais que je dise « Rien du tout, mon petit gars. » Ah ! se foutre en l'air avec la bénédiction du médecin.

– Je connais des gens qui prennent de la coke depuis des années !

– Altération irrémédiable du comportement, crise cardiaque garantie, et je ne parle pas des mélanges… Quelqu'un abusant d'un produit n'en reste pas là. Il amalgame des cocktails à abattre un éléphant. Je ne te dis pas le foutoir que ces gens provoquent dans leur organisme. Ils vivent sur une poudrière, et je te jure, un jour ou l'autre, elle leur pètera à la gueule. Si tu as une once d'amour pour toi-même, écoute l'avis du vieux raseur : replonge pas !

Le médecin marque un temps.

– Mais enfin, où la trouvais-tu ? C'est un marché fermé…

Romain hausse les épaules et s'agace devant l'incrédulité manifeste du thérapeute.

– Que croyez-vous ? Les plateaux de coke, d'héroïne circulent comme les coupes de champagne. Il y a des années, pour moi, cette vision appartenait à l'imagerie de cinéastes en mal de vérité. J'en ai été le témoin et la victime consentante… Les milieux à fric sont la plaque tournante de tous les trafics, c'est comme ça. Le show-biz est une pompe à pognon. Pourquoi serait-il épargné ? C'est comme ça, je vous dis.

Le médecin reste pensif.

– Si tu le dis, je te crois. Donc, la drogue explique en partie tes problèmes d'argent. Où en es-tu dans ton métier ?

– Je n'ai plus joué depuis un an et demi. Mon agent me déteste. J'ai eu des propositions, je les ai refusées.

– Pourquoi ?

– Un ras-le-bol. Une envie de vivre autre chose, plus simplement.

– C'est un apprentissage… Vivre plus simplement ne consiste pas à se laisser mourir de faim, tu es d'accord ? La question est : de quoi vas-tu vivre, et décemment ?

– On dirait mon père.

– C'est une question essentielle, moins accessoire qu'il ne semble au premier abord, et très révélatrice.

– Je veux écrire.

– Pourquoi ?

– Les auteurs restent anonymes et sont rarement débordés par le fric.

Le docteur Philip sourit.

– C'est un choix à contre-courant, mais si c'est le tien… Nous allons conclure. Réfléchis à comment gérer ton quotidien. C'est important.

Romain regagne sa chambre. Dans le couloir, il croise l'homme aux clefs, qui vient encore de se faire éconduire par une patiente et pleure, en dodelinant de la tête.

Que lui est-il arrivé à celui-là?

Dans sa penderie, Romain prend son trousseau et en détache la clef de sa boîte aux lettres. Il rejoint le vieil homme, la lui tend.

– Tiens, j'ai retrouvé ta clef.

L'homme caresse les doigts de Romain et sanglote, des larmes si profondes. Le jeune homme le prend dans ses bras, le berce.

L'homme aux clefs parle étrangement et ne termine jamais ses phrases.

– C'est une erreur… Avocat j'étais, et il m'a dit… Tout fait pour lui, tout. Et donner à manger aux enfants… La maison brûle, gros incendie… Il me dit homicide… C'est une erreur… Le jardin était noir sous les roses du Japon… Noir… C'est une erreur. Ce matin, je n'ai pas pu. Tout à coup, boum.

Il prend la main de Romain et la pose sur son sexe. Une large tâche d'urine s'élargit à l'entrejambe du pantalon du pyjama. Rien à faire, que peut-il faire ?

Dans sa chambre, Père Paul attend Romain en buvant un café. En le voyant, il lui adresse un clin d'œil.

– Alors, prêt à chasser le chat ?

– Pardon ?

– Tu as réfléchi ?

Romain reste silencieux, encore troublé par la scène du couloir.

– Quelque chose te tracasse ?

– Je viens de parler avec un homme, il cherche toujours ses clefs.

– Marcel ?

– Je crois que c'est ça.

– Alzheimer.

– Quoi ?

– Il est atteint de la maladie d'Alzheimer. Il ne faut pas tenir compte de son comportement.

– Je voulais juste l'aider.

– Quel âge lui donnes-tu ?

– Je ne sais pas. Il est vieux ?

– Il a 47 ans. Tu ne peux pas l'aider, et ici il est très bien soigné. Alors, on chasse le chat ?

Romain s'assied, face à lui. Père Paul sort son étole, le jeune homme dit très vite :

– Bénissez-moi mon Père parce que j'ai...

– Tu as péché, oui, je sais. Je te bénis, mon fils.

Romain rougit, proteste.

– Enfin, mon père... c'est la formule rituelle.

– Continue.

Le garçon réfléchit, dans ce silence bénéfique et paisible.

– Pour vous, Dieu est important... Moi, je veux bien y croire... Je n'ai pas pensé que mon flirt avec la mort pouvait l'émouvoir. Donc, je n'ai pas voulu l'offenser, donc ce n'est pas un péché.

Il croise les bras, envisage le prêtre, batailleur. Père Paul sourit, perspicace, malicieux.

– Approfondis...

– Je n'ai pas ce sens du péché. Ce mot représente tout ce que je déteste dans la religion.

– Si tu bouscules quelqu'un dans le métro, sans le vouloir, que dis-tu ?

– Je dis pardon, mais ça n'a rien à voir...

– Je crois en Dieu. Je ne t'oblige à rien. Tu demandes l'absolution. C'est son pardon. D'après le principe de la religion catholique, le fait d'attenter à ses jours est une offense envers Dieu. Je ne peux te dire que ça… Tu as bousculé Dieu, sa liberté, son œuvre créatrice. Pour moi, cet être divin vaut bien un quidam heurté dans un couloir du RER. C'est mon opinion.

– Mouais… (Romain réfléchit.) D'accord… Je suis désolé d'avoir bousculé Dieu dans le métro.

Père Paul secoue la tête, rit, écoute. Romain continue.

– Je n'ai aucune intention de me « re-suicider ». Bon. Je peux l'avoir, maintenant, l'absolution ?

– Regrettes-tu de l'avoir offensé ?

– Oui.

Père Paul se recueille, longuement.

– Dieu t'est reconnaissant de t'être souvenu de lui dans un moment douloureux de ton existence. Il ne regarde pas tes offenses envers lui, mais ta foi et ta liberté. Il t'aime et il aime aussi ton esprit belliqueux. Par les pouvoirs qui me sont conférés…

Il prononce la formule sacramentelle de l'absolution. Après la pénitence de circonstance que Romain s'engage à respecter – il s'agit de relire un passage de l'Évangile : le baiser de Judas au Christ –, Père Paul trompette l'air d'une chanson de Piaf dans ses joues et finit son café.

Romain va s'en servir un au distributeur placé dans le couloir, revient. Le prêtre lit un journal.

– 'Scusez-moi. Votre visite me fait plaisir, mais vous n'avez pas d'autres malades à aller voir ?

– J'fais une p'tite pause.

– Vous lisez ?…

– Résultats du foot.

– Qui a gagné ?

– PSG.

– Contre ?

– Marseille.

– Peuchère, ils doivent s'en entrechoquer les boules.

Le père lui tend un hebdomadaire coloré. Romain s'y trouve photographié, saisi dans un rire.

– Tu peux me signer ça ?

– Non.

Tranquille, le père dit :

– Pour ma fille.

Romain écarquille les yeux.

– Vous êtes marié ?

– Je l'ai été. J'ai trois enfants. Ma femme est décédée il y a dix ans.

Romain s'étonne, ne dit mot.

– Qu'est-ce qui te surprend ?

– Je croyais que les prêtres… Je croyais que les prêtres…

– Étaient forcément asexués.

Romain rougit, bredouille :

– Non, non, je ne voulais pas dire ça.

– Les idées communément admises ont la vie dure… Les parcours des religieux que je connais sont tous très différents.

Romain demande à brûle-pourpoint.

– Ça ne vous manque pas ?

– Le sexe ?

– M'enlevez le mot de la bouche…

– Non.

Romain le considère, naïvement sceptique. Père Paul jure :

– Parole de scout !

– Eh ben, chapeau !

Père Paul rit d'un bel éclat.

– Alors, tu me le signes, ce canard ?

– Ça ne représente plus grand-chose pour moi.

Le père reprend la revue paraphée, regarde plus attentivement le cliché.

– Tu avais meilleure mine à ce moment-là. Que s'est-il passé ?

– J'ai fait une cure anti-lampe à bronzer et un régime amaigrissant qui a mal tourné... Vous va, comme réponse ?

– Tête de mule. Bon... À mardi ? Tu seras encore là, mardi ?

– Je vais accepter d'être soigné en interne. Oui, je serai encore là mardi... Bonjour à votre fille...

– Je l'appelle dès ce soir ; elle va enrager. Salut, Romain.

– Au revoir, mon père.

Le prêtre s'en va, petit soleil sous un costume gris.

Le reste de la semaine s'écoule entre les pugilats avec le docteur Philip, patient, tenace, ouvrant une brèche dans les certitudes de Romain, lui expliquant clairement que la première étape à franchir est d'accepter de « gérer le quotidien », d'en faire une discipline... Les séances se concluent rituellement par la phrase fétiche du psychiatre : « Cavalier qui veut aller loin ménage sa monture. »

Romain se demande s'il l'utilise avec tous les malades, ou seulement avec lui. Le médecin lui a proposé un traitement adapté à sa dépendance à l'alcool : un panaché composé de vitamines, d'un anxiolytique léger et d'un médicament que Romain appelle « le petit flic ». Une gorgée d'alcool là-dessus déclenche une gueule de bois à la puissance dix, aux effets spectaculaires. Pour convaincre son patient de l'efficacité de ce veilleur chimique, le docteur Philip le lui a fait prendre avec un verre d'alcool après l'avoir prévenu. La crise qui s'est ensuivie convaincrait Bacchus lui-même de ne pas récidiver.

Romain écrit, en s'adressant métaphoriquement à la dive bouteille :

Chienne de garce, si on connaissait ton fiel avant de commencer à se couler dans ton plaisir de démence et de mort, jamais tu ne nous tournerais en ridicule, ne nous transformerais en pantin, qui monte, descend, se hisse, retombe. Myope aux yeux de verre…

Dans le couloir, Marcel cherche toujours ses clefs, et Romain se rend compte qu'il s'est fait avoir. Hier, le vieux jeune homme l'a entraîné dans sa chambre, le tirant par la main, a ouvert le tiroir de sa table de nuit et lui a montré sa collection, soliloquant à nouveau. Marcel bouleverse ceux qui le croisent. Des patients aux visiteurs, un jour ou l'autre, sans rien y comprendre, touchés par la même compassion qui a animé Romain, ils lui ont tous offert l'objet, rouillé ou non, de sa convoitise. Clés d'immeuble, de voiture, de cave, de garage, et aussi une carte magnétique périmée… Quand un trousseau de clés disparaît dans le service, Marcel le rend, pleurant si fort que le malheureux visiteur se sent coupable… L'infirmière en chef a beau lui expliquer fermement « Il faut bien que monsieur rentre chez lui… », Marcel pleure et profite de ce moment d'intérêt à son égard pour psalmodier les bribes pilées de sa vie, où se mêlent passé, présent, avenir… Romain, déja habitué, fait comme tout un chacun : il l'écoute un peu, ne l'évite pas, le rassure, « Je n'ai pas tes clefs. » Quand il le trouve assis au bord de son lit au milieu de la nuit, il l'encourage à se recoucher. Et souhaite, pour lui-même, qu'un jour Marcel la trouve enfin, cette clef. La sienne, l'unique, celle qu'il cherche désespérément à travers son errance…

Romain croyait ne jamais faire partie de ce royaume humain des paumés, des fragiles, des brisés, des « en-manque »...

Je rêve de ce jour où on cessera de soigner les humains dans les hôpitaux de la réadaptation ; où on cessera de laisser les vrais fous en liberté, occupés à gagner de l'argent, à exiger la réussite de leurs enfants, à être forts, forts, forts, toujours plus forts, plus carnassiers, plus aveuglés, plus robotisés, baisant à la va-vite, bandant à coups de petites pilules bleues, vidés le matin, abandonnés le soir, volant leur plaisir, éjaculés dans les aubes grises par des femmes-trottoirs. Le sexe étant devenu uni-sexe, uni-valeurs, uni-forces, les folles agissent comme les fous. Ils trébuchent, c'était fatal, dans cette course au mieux-être. Se retrouvent ici, dans le couloir des paumés, des brisés... et craignent tout à coup d'être pris pour des fous. Pourtant, ici, on ne soigne que des hommes...

Il pose son cahier sur le rebord de la fenêtre. Le crépuscule étire ses nuages violets derrière le rideau ocre.

Le lundi lui apporte des bouquets et des cartes d'encouragement d'inconnus : « Courage », « Je suis passé par là », « J'ai 18 ans, je vous aime beaucoup », « Mon fils s'appelle Romain comme vous », « Croyez au public, lui seul compte ».

L'infirmière en chef est très impressionnée. Elle vient souvent avec le tensiomètre. Il choisit un bouquet, le lui offre.

– Non, c'est à vous...

Il lui montre la carte cachée dans les fleurs, calligraphiée en ces termes par une écriture d'enfant : « Ma maman, elle vous trouve très beau. »

– ... Pour toutes les mamans du monde.

Elle accepte le présent.

L'après-midi amène une corbeille de fruits de saison offerte par les acteurs. Une carte signée collectivement est accrochée à l'anse du panier : « Alors, ducon, on se couche ? », « Amitiés », « Profiteur de la sécu », « Je t'aime très fort, enfoiré », « C'est indigne de toi : reviens », « *À 18 ans, il a quitté sa province / Bien décidé à conquérir Paris/ Le cœur léger et le bagage mince... /* Paris est une femme fatale, mais n'abandonne jamais ceux qui l'ont aimée... Je te paie une bouffe, le jour de ta démob... »

Le nuit revient, pluvieuse, scintillante, lunaire. Au foyer fumoir, Romain écoute ses semblables :

Karine, femme battue, troisième séjour psychiatrique après sa deuxième procédure de divorce annulée à sa dernière sortie.

Petit Kevin, enfant de douze ans, autiste.

Kamel, sans-papiers, placé ici avec la complicité du docteur Philip, ça vaut mieux que d'être torturé dans les geôles de son pays des sables. Son problème : il ne parvient pas à obtenir le statut de réfugié politique.

Marcel, l'homme-aux-clefs, joue avec l'élastique de son lange pour adulte, se fait la leçon : « Marcel peut pas toucher. Marcel peut pas toucher. »

Fatma, musulmane, cinq enfants dont quatre fils : sa fierté et l'honneur de son ventre, répudiée par son mari. Retrouvée nue dans les couloirs du RER, agenouillée, chantant un hymne religieux. On l'a amenée ici, ne sachant qu'en faire d'autre. Elle ne parle que l'arabe.

Kamel a raconté son histoire à Romain. Quand il aura ses papiers, il la prendra avec lui, « parce que son ventre a reçu la bénédiction »... Son mari est un imbécile, il le tuera. Il rendra son honneur au champ d'Allah... Fatma, ronde de partout sous sa robe, mains potelées, yeux noirs brillants, paupières ridées, les seins lourds, inspire plus l'amour que le meurtre et la croisade sanguinaire. Elle ne regarde jamais un homme dans les yeux. Romain aime ce peuple, mais leurs expressions de soleil et de mort, d'amour et d'honneur le laissent toujours pantois.

Sylvie, dix-sept ans, désœuvrée, famille riche, parents absents, pratique l'avortement en guise de moyen contraceptif. Elle a voulu garder son dernier bébé, elle l'a perdu. Elle a craqué.

Gégé-gueule-d'enfer, clochard en visite. Amoureux de Fatma, ce qui semble enorgueillir Kamel ; il modère pourtant l'ardeur enflammée de Gégé par des « Ça va, maintenant, ça va » mâles et rengorgés. Gégé se rabat alors sur Sylvie dont il est prêt à adopter tous les futurs bébés. Il vient en cure pour des problèmes d'alcool, est très fier d'exhiber sa carte de sécurité sociale, encore valable. Il se « requinque » quelques jours, puis repart, direction le *Café d'en face*. Jusqu'à la prochaine cure et la nouvelle Fatma...

Dehors, dans la nuit de lune, les noceurs croisent les banlieusards, des regards baissés masquent la tragédie du silence. Des travelos se prostituent, des clochards se disputent une fille. À l'entrée d'un cinéma, Ahmed vend des marrons chauds...

Romain, les yeux embués par sa rêverie, reçoit un coup de coude de Kamel. Onze heures, extinction des feux. Kamel raccompagne Fatma jusqu'à la porte de sa chambre, Romain regagne la sienne. Il commence la rédaction du récit raconté par Kamel. Un plaidoyer contre ce « monde pourri ».

Le mardi lui ramène le père Paul. Il entre de son pas feutré, et sa présence silencieuse fait émerger Romain de sa romance des sables. Il masque la feuille du plat de la paume.

– Tu écris ?

– Non, je vends des frites.

Le sarcasme heurte la sensibilité du prêtre, qui s'empourpre.

– C'est une joke, Père.

– Quoi ?

– Une blague. Il m'arrive d'écrire dans les cafés. Quelquefois, l'un ou l'autre me pose cette question : « Vous écrivez ? » Pour ne pas répondre : « Question idiote », je rétorque : « Non, je vends des frites. »

– Ça rapporte ?

– Quoi ?

– Les frites.

Romain rit. Père Paul s'assied.

– Qu'écrivais-tu ?

Romain lui tend la feuille. Le prêtre la parcourt, le regarde, amusé.

– Tu évoques le Kamel et la Fatma que je connais ?

Romain hoche la tête, intrigué par le rire du prêtre.

– Ça fera un grand film.

– Ne me laissez pas mourir triste : je peux rire avec vous ?

– Kamel est le mari de Fatma. Il est soigné pour une dépression. Ils sont effectivement musulmans.

Le Père relit, sourit, enjoué, commente.

– Fatma en reine tragique du désert, et Kamel en touareg vengeur. Et ce brave docteur Philip… Il a suffisamment de malades à soigner sans en accueillir un seul parfaitement sain.

– Pourquoi Kamel m'a-t-il monté ce bateau ?

– Fatma et Kamel manquent de repères. Le sans-papiers est sinistrement héroïque. Kamel associe sa détresse à la sienne. Fatma ne parle effectivement que l'arabe. Si elle avait compris ce que Kamel te racontait, elle l'aurait assommé. Leur culture est différente, pas leur humanité. La femme méditerranéenne est une femme forte, elle tient la famille sur les épaules. Dans cette culture, la mère est très respectée. Tu le sais ?

– J'appelle un chat, un chat. Kamel a failli me faire faire de la désinformation…

– Il y a toujours une vérité. Kamel est humilié devant sa femme. L'honneur est un mot archaïque, mais pour lui, c'est un vocable très concret. Il serait effectivement prêt à tuer, aussi bien qu'à mourir, pour le sens de ce mot. Il découvre d'autres valeurs. Il mépriserait un homme comme lui. Le docteur Philip l'aide sans l'humilier. C'est donc, pour Kamel, une sorte de saint. Il en fait un héros. C'est bien d'appeler un chat un chat, mais ne les achète pas dans des sacs, les matous…

– Bel esprit de déduction…

– Je pose des questions. Mes semblables m'intéressent. Je réfléchissais à toi, hier soir. Ton cas m'interpelle…

– Vous êtes un beau cas aussi, vous, dans vot'… genre.

Rire du prêtre.

– Tu t'associes à la douleur des autres, ce n'est pas bon. Ils vont se servir de toi. Continue à compatir sans discernement, ils t'utiliseront comme une poubelle. Leur souffrance restera identique, tu n'auras rien changé. On ne peut pas guérir de sa souffrance en la partageant, on peut juste augmenter celle des autres. Si tu veux porter l'humanité sur tes épaules, agis.

– C'est-à-dire ?

– Si tu es acteur, joue. Auteur, écris. Mais fais-le bien. Jusqu'au bout. Ne te fais pas le porte-parole de tous les vents de cette planète. N'accuse pas, juge. Ne juge pas, discerne.

Le prêtre rougit, se tait. Silence entre eux, Romain le brise.

– Et votre fille, heureuse ?

– Elle t'a complètement oublié. Elle m'a dit : « Enfin, papa, ce n'était pas la peine d'appeler pour ça. »

– C'est dur, d'être à la retraite.

– Je me demande quand elle jugera utile d'être dérangée par son père de curé…

Le prêtre semble réfléchir.

– Je voulais te proposer quelque chose…

– Pas de devenir curé ?

Père Paul s'esclaffe, poursuit, apaisant.

– J'ai ouvert un centre pour SDF. Accepterais-tu de venir leur parler de ton métier ?

– Je n'ai plus de métier…

– De ton ancien métier.

– D'accord.

– Tu sors quand ?

– Fin de semaine.

– On envisage ça pour la semaine suivante ?

– Vous êtes solide en affaires, mon père.

– Le chocolat est offert.

Ils se saluent.

Obstiné et tenace, le père Paul. Il ne paie pas de mine. Dans le brouillard, il serait confondu avec la brume. Romain perçoit confusément que l'homme, plus que le prêtre, veut lui enseigner l'histoire des hommes.

Dans l'après-midi, son agent appelle. Les affaires reprennent. La douleur et la déprime, dans ce métier, tout le monde connaît.

Romain s'obstine, refuse : il ne veut plus jouer. L'agent le secoue, regrette, ne comprend vraiment pas.

– Nous avons tous droit à un passage à vide, mais à un seul passage à vide. La roue ne tourne qu'une fois…

– Je ne fais plus partie du voyage. Continue sans moi, mets le cap sur les îles et laisse-moi sur mon rocher.

Un silence semble presque siffler à son oreille. L'autre souffle :

– C'est de la folie, Romain.

– Je suis fou, complètement fou. Quand tu auras digéré la pilule, on reste copains, si tu veux…

– Bien sûr.

– Salut.

– Ciao.

Romain raccroche. Calme. Un metteur en scène avait un leitmotiv dans sa direction d'acteur : quand un comédien lui posait une question sur « la marche à suivre », il répondait « choisir et faire ». C'était très efficace. Romain voudrait pouvoir lui dire que cet excellent précepte est tout à fait applicable comme ligne maîtresse de l'existence.

Pour la première fois depuis huit jours, il s'habille. Il se sent nerveux. Dans le miroir, un jeune homme barbu mais la barbe soignée, les cheveux lisses noués en catogan, le considère avec gravité. Il y a une tristesse naïve dans ces yeux-là. Romain éprouve une gêne paradoxale, comme si son reflet était réellement un autre lui-même. Il chasse cette émotion délicate, baisse la tête, quitte le cabinet de toilette et rejoint le docteur Philip pour la consultation quotidienne.

Vendredi. Romain a embrassé la reine du service, l'infirmière-chef. Le docteur Philip lui a fermement serré la main, l'a exhorté à poursuivre la thérapie, en externe. Kamel a pleuré. Fatma a chanté des adieux dans sa langue et égrené des notes nostalgiques, comme un rituel occulte. Marcel a refusé de lui dire au revoir. Gégé a insisté sur son pseudonyme « Gégé-gueule-d'enfer, c'est comme ça qu'on m'appelle ». Il a pointé son index sur sa tempe et a répété « Gégé-gueule-d'enfer ». Romain lui a serré la main, et Gégé a reniflé.

Romain rejoint le métro, passe devant le *Café d'en face.* C'est l'hiver, la lumière est pâle de soleil.

Une surprise de mauvais goût l'attend : le propriétaire a fait changer les serrures de son domicile. Romain, le cœur battant, appelle un ami, lui demande de l'héberger.

Quelques jours passent. L'ami est discret, mais lui fait sentir ce que la situation a de provisoire et de précaire. Hélène est dure à la rupture et refuse catégoriquement qu'il revienne.

Le taulier est le cousin de Beethoven, et plus sourd que le célèbre compositeur. Seule la douce musique de la monnaie sonnante et trébuchante lui assouplirait les tympans.

Romain appelle le père Paul, lui explique son cruel et soucieux problème. Le prêtre lui dit : « Viens. »

Il le reçoit dans le bureau de la maison communautaire des pères de la paroisse, lui offre un café et se sert une bière. Ils trinquent.

– Carpe diem. Alors ?

– Alors, alors... je suis dans la mouise.

– As-tu un peu d'argent devant toi ?... Combien as-tu de retard de loyer ?

– Deux mois de retard et juste de quoi manger ce mois-ci.

– Donc, pas de possibilité de faire une proposition rassurante à Oncle Picsou.

– Ben non.

– Tu as amené le bail avec toi ?

– Je n'en ai pas. C'est une location de la main à la main.

– Tu as fait des démarches pour obtenir une aide sociale ?

– J'ai déposé une demande de RMI.

– As-tu le numéro de téléphone d'Harpagon ?

– Qui ?

– Ton propriétaire.

– Vous allez l'appeler ?

– Oui.

– Il ne vous écoutera pas …

Père Paul lui adresse un regard significatif.

– Il n'écouterait pas un honorable père de famille, curé de son état ? Je voudrais bien voir ça.

Sceptique, Romain sort un calepin de sa poche, l'ouvre et dicte un numéro, que le prêtre compose sur le clavier. Le haut-parleur est branché. Déclic. Voix aigrelette.

– Allô ?

Père Paul se présente, puis, « attaque la falaise ».

– J'ai devant moi un jeune homme, un charmant garçon. Il fait appel à mes conseils, mais sa situation me paraît embrouillée. Vous pouvez peut-être m'éclairer ?

– Je ne vois pas comment.

– Il s'agit de votre ancien locataire.

– Écoutez, mon père…

– Permettez-moi d'insister… Comment se fait-il qu'il n'ait pas de bail ? Sa situation justifie un peu de compréhension et l'octroi d'un délai, vous ne croyez pas ?

– Je ne suis pas un saint-bernard.

– Saint fisc, vous connaissez ?

– Vous me menacez ?

– Je vous informe. J'ai bien sûr conseillé à ce garçon de porter plainte. Il réside officiellement chez vous. Les démarches qu'il est en droit d'entreprendre pourraient mettre la puce à l'oreille du saint dont je vous parlais tout à l'heure.

Glapissement étranglé à l'autre bout du fil.

– Quinze jours, je lui accorde quinze jours.

Coupure sèche. Le prêtre rappelle. Le propriétaire fulminant aboie.

– Qu'est-ce que vous voulez encore ?

– Je tiens à vous remercier de votre compréhension. Quand Romain peut-il réintégrer sa chambre ?

– Il sait où me trouver. Ce soir, 20h. Et à l'heure, je ne l'attendrai pas.

– Il n'y manquera pas.

Romain dit, joyeux :

– Vous avez travaillé comme avocat dans une vie antérieure ?

– Ne te laisse jamais faire. Et maintenant, prends-toi en main.

– Je vais essayer.

– Des gens à la rue, j'en côtoie tous les jours. C'est à ton tour de te battre…

– D'accord. Quand j'aurai des sous, je vous invite, on se fera un super-resto.

– C'est noté. Je t'attends vendredi pour la petite conférence avec mes brebis égarées.

– J'y serai, promis.

Le père le raccompagne. Sur le pas de la porte, il dit encore :

– Carpe diem, Romain. Carpe diem.

La porte se referme sur l'homme gris.

Romain est heureux. Un bonheur pur.

À 20h30, le père Paul le retrouve, effondré, dans le bureau du matin. Le propriétaire a changé d'avis et lui a dit d'aller se faire mettre par son pédé de curé.

Le copain qui l'héberge est parti en tournée et a récupéré son double de clefs.

Entre l'ironie et la colère vraie, Père Paul persifle.

– Il a dit ça ? Avec trois gosses, il a osé me traiter de… Viens avec moi.

– J'en ai vraiment marre.

– Viens avec moi.

Père Paul le pousse dehors. Romain renifle nerveusement.

– Arrête, t'as pas quatre ans.

Il lui tend un mouchoir en tissu.

Ils arrivent à destination. Père Paul monte les quatre étages, vivement, sonne. Voix agressive de l'autre côté de la porte.

– Qu'est-ce que c'est ?

– Le pédé.

L'homme gris est démonté. Un récital ordurier lui répond. Père Paul parle avec énergie.

– Ouvrez cette porte ou je reviens avec la police. Rendez ses clefs à ce garçon. Si je m'en mêle, vous viendrez à la messe le dimanche, et mon divin patron sera votre dernier recours. Pigé, Rambo ?

Silence. Père Paul reprend, avec calme.

– Vous voulez voir comment un prêtre organise un joli petit scandale ? Je peux être très doué comme orateur.

Silence.

– Exploiteur de gens en difficultés, je vais vous signaler à la brigade financière…

Père Paul va cogner aux portes voisines.

– … vous êtes combien dans ce paradis fiscal à truander des jeunes un peu perdus et des petits vieux sans le sou ?

Il interpelle Romain, lui demande le nom du propriétaire, le lui fait répéter à plein volume, puis articule clairement pour les voisins de palier :

– Monsieur Pierre-Hugues Le Michel n'est sûrement pas le seul fruit pourri de l'étage… Ils vont se régaler à la brigade financière... On sait quand ils arrivent, jamais quand ils repartent, mais c'est toujours avec la caisse...

Il revient se planter devant la porte du récalcitrant.

– Je peux parler comme ça toute la nuit. Si j'appelais la police ? Plus on est de fous, plus on rit... La police. Un serrurier. Un huissier. Demain, la brigade financière. Ça va faire du beau linge.

Bruit indistinct de l'autre côté de la porte, comme un cliquetis. Le père Paul continue sa diatribe.

– Après les comptes de l'immeuble, ils vérifieront les taxes d'habitation, les redevances télé...

La porte s'entrouvre, une main apparaît, tend un trousseau. Père Paul retient les doigts de l'homme et chuchote :

– Ne vous avisez plus jamais de me traiter de pédé, ni moi, ni mes frères d'habit.

– Il a une semaine pour vider les lieux, votre protégé.

– Si Dieu le veut, mon fils, si Dieu le veut.

Le porte se reclaque, sèchement. Père Paul tend les clefs à Romain.

– Vous montez prendre un café ? dit celui-ci, fatigué. Il doit m'en rester.

– Je t'accompagne, mais je ne reste pas.

En voyant la petite pièce laissée à l'abandon, il lâche :

– ... Besoin d'un coup de pinceau.

La vie a ensuite repris un cours moins accidenté. Avec l'aide des services sociaux, Romain a conservé sa chambre et son propriétaire étouffant de rage.

Paris est engorgé de SDF. La politique sociale met beaucoup en œuvre pour éviter le pire. Peu de gens sont capables d'accepter, de reconnaître les signes de l'engrenage qui conduisent à ces trois consonnes : SDF. Ils réagissent trop tard. L'assistante sociale qui s'occupe du dossier de Romain lui a dit.

– L'aide sociale, c'est de la prévention, pas le remède.

– Vous croyez que je pouvais prévoir, il y a trois mois, que j'en arriverais là ?

Elle a haussé les épaules, blindée.

– Je sais.

Il a retrouvé son gagne-pain dans la boîte de phone-marketing. Nadège l'ignore de toute la hauteur blessée d'une fille qui s'est fait… Romain voudrait se rattraper. Ses cruautés ne durent pas longtemps et, le quittant aussi subitement qu'elles lui sont venues, lui laissent un sentiment d'absence. Sa fierté verrouille les mots simples qu'il ne suffit parfois pas de dire.

Il rappelle les acteurs, c'était à lui de le faire, les avertit que le dossier « *Acteur studieux* » est fatalement en souffrance. Deux comédiens démissionnent, les autres continuent l'aventure. L'un d'eux dit : « Ouais, ça vaut le coup. Je veux soutenir ce travail. Mais arrête de te prendre la tête. Si t'as un problème d'identité, on en a tous, c'est pas la peine de te flinguer. Après on se sent coupable. J'en ai marre de suicider les metteurs en scène... T'es déjà mon troisième... »

L'acteur distribué dans le rôle titre de sa pièce reste solidaire. Il dit de son personnage : « J'ai toute sa biographie dans la tête et je vais finir par rêver en anglais... J'ai continué à bosser pendant que tu nous faisais ta madame Bovary... J'ai appris plein de trucs. J'ai même travaillé son coup d'épaule. Il ne le ferait plus aussi bien que moi. Bon, on se prend un café ? »

Romain se souvient de cette conversation de la veille, allongé sur son lit.

... Avant mon saut de l'ange raté, j'ai déchiré toutes mes notes sur ce travail, y compris le texte d'origine. Comment ai-je pu en arriver là ? On a tous le droit de péter un plomb, mais cette fois, j'ai carrément fait exploser le compteur. Par où recommencer ?

Le rapport à la célébrité, les refoulements profonds, ça intéresse qui ? Je suis sûr que cela dissimule une relation inter-humaine indicible ; difficilement exprimable. Mais si j'étais le seul à m'être pris le chou sur cette partie cachée de l'iceberg ? S'il ne s'agissait que d'une tempête sous un crâne ?

Il réfléchit quelques secondes, les yeux flous, note :

... Pourquoi ne puis-je faire comme tout le monde et me contenter de monter un petit classique. Ça ne se démode pas, le

classique. C'est politiquement correct, ça remplit les salles et ça draine un public scolaire. Un petit Hamlet, *par exemple… Je proposerais, par exemple, à De Niro de jouer le spectre… Il n'a jamais joué les fantômes. Le diable, oui, mais pas les esprits. Avec lui, faudrait l'avoir à l'œil. Il est tellement perfectionniste. Il trouverait bien le moyen de faire tourner les tables comme si c'était pas du chiqué… L'accessoiriste deviendrait fou, le régisseur chercherait ses marques, on ne trouverait plus les guéridons… Ce serait cadencé comme spectacle…*

Romain se relit, puis continue.

… L'humour, j'avais oublié l'humour. Je l'écrirai, cette fichue pièce…

… Je voudrais revoir mes parents. Il serait temps d'arrêter de faire les autruches et de recommencer à se parler. Je suis bien placé pour savoir que la vie est courte et précieuse.

Depuis deux semaines, Romain rejoint le père Paul et anime un atelier-théâtre avec des SDF du quartier. Ils ont discuté pendant les deux premières séances du choix de la pièce. Le père Paul met la salle paroissiale à leur disposition pour la présenter. Romain guide leur travail de son mieux. Ils voulaient un texte réaliste, qui parle de liberté, ne soit pas politisant et dénonce les abus du pouvoir.

Ils ont choisi la tragédie d'Œdipe. L'histoire de ce type qui avait tout, a tout perdu, déshonoré par une femme, une mère et une épouse, a emporté leurs suffrages.

Les séances sont animées, servent à débattre du monde en général, de sa tragédie personnelle en particulier. L'un d'eux les a surpris : il a ordinairement une voix forte, prend haut la parole. Romain lui a proposé de lire le rôle d'Œdipe. Il est monté sur l'estrade, a lu deux phrases, s'est tenu coi, tremblant, secoué de trac. Romain lui a sauvé la mise en racontant que lui aussi était coutumier de ce phénomène, que le rôle était très difficile et… L'autre a saisi la balle au bond, retrouvé son bagout des pavés : « De toute façon, je ne veux pas être un type qui a baisé sa mère. » Un autre a repris le rôle. « Forte voix », rendu à l'aire publique, boudait. Il s'est payé la tête du premier qui, profitant de cette timidité inattendue exposée aux yeux de tous, voulait se payer la sienne. L'incident était clos.

La séance est terminée. Romain range la salle. Le père Paul raccompagne « ses invités » à la porte. Ils traînent, résistent à l'idée de partir. Certains rentrent vers un centre d'accueil, la plupart retournent au bitume. L'un d'entre eux a expliqué à Romain que, par ce temps d'hiver, la chaleur le tuerait. Habitué à vivre dehors, trois jours au chaud dans un centre d'hébergement lui ôtent sa résistance… au froid. Il ne se laisse « tenter » que lorsque les conditions climatiques menacent sa survie à coups de neige, de pluies verglaçantes ou de plusieurs degrés sous zéro. Sinon, à tout prendre, il préfère la rue. D'autres sont hébergés dans une dépendance de la maison des Pères où vit également le père Paul.

Romain l'apprécie de plus en plus. Facétieux, pris de brusques accès de timidité, énergique, enthousiaste, agissant, et dur, obstiné à la tâche ; capable d'affronter des situations humaines souvent extrêmes avec toujours « le ton qu'il faut » et des arguments incontournables…

Embarrassé par les bienséances de façade, pourfendeur de dragons et de propriétaires…

Romain éteint la salle, rejoint le Père. Ils vont s'offrir une boisson au *Café du métro*. Le prêtre prend une bière, trinque dans sa direction, prononce sa phrase rituelle : « Carpe diem. »

Romain demande une eau plate. C'est avec le père Paul qu'il évoque le plus souvent sa lutte d'abstinence avec l'alcool.

– Ça va, l'antigel ?

– C'est dur, je tiens le coup. C'est réglé…

Romain a un peu de mal à se lancer aujourd'hui. Il voudrait en savoir plus sur ce bonhomme et tourne autour du pot, le doigt suivant le contour de son verre. Le père Paul a perçu l'embarras dans le silence peu habituel de son compagnon. Il dit « Oui… » comme s'il disait « Je t'écoute… »

Romain tousse, demande :

– Pourquoi vos enfants ne viennent-ils jamais vous voir ?

– Tu vas voir tes parents, toi ? Je suis un vieux fada pour eux…

– Mes parents, c'est pas pareil. Mais vous… c'est parce que vous êtes prêtre ?

– Ils ont du mal à l'admettre. J'ai attendu que mon dernier soit en âge de quitter le nid pour concrétiser mes aspirations, mais… ça faisait désordre. Je travaillais pour avoir de quoi vivre. Ils s'inquiétaient. Je m'énervais. J'étais pressé qu'ils partent. Ils étaient mal à l'aise vis-à-vis de leurs copains. Tu imagines les conversations : « Qu'est-ce qu'il fait, ton père ? » – « Il est curé ! » Ça la foutait mal. Mon fils aîné souhaite se spécialiser en psychiatrie. Son diagnostic est sévère. Il me dit atteint de schizophrénie mystique : c'est sa définition de la prière.

– Quel abruti !

– Je suis très fier de lui… Pourquoi ne vas-tu pas voir tes parents ?

– On s'est chamaillé.

– Ça peut s'arranger.

– Je ne sais pas, mon père est une tête de mule.

– C'est de famille.

– Depuis ma sortie de l'hôpital, ils n'ont même pas appelé. Pas une fois, je suis leur fils quand même. Même fâchés, ils auraient pu faire un effort.

– Ils doivent beaucoup souffrir.

– Et moi, je ne souffre pas, p'têt ?

– Appelle-les.

– Pourquoi moi ?

– Pourquoi eux ?

– Je suis leur fils.

– Ce sont tes parents.

– Qui m'aide en ce moment ? Vous, pas eux.

– Je suis sur place, moi. Tu es malheureux, c'est la faute à papa-maman ? Je connais des petits vieux comme ça… Ils ne s'en sont pas remis… C'était la faute à papa-maman, c'était la faute à leur femme, à leurs enfants, au premier ministre, au chômage… Et quand ils se sont retrouvés seuls et à la retraite, c'était la faute à pas de chance… Ils ont eu une telle frousse de vivre par eux-mêmes, en acceptant d'échouer, de recommencer, d'atteindre ou pas leur but, que la vie s'est découragée d'aller les chercher sur leur montagne. Ils ont été traités en huîtres, ils ont été abandonnés sur leur glace pilée. C'est ça, ton ambition dans la vie ?

– Non.

– Je connais un peu ton histoire… Ça semblait marcher pour toi ? Tu vois dans quelle détresse humaine je me débats tous les jours. Tu crois qu'ils ont choisi leur destin, mes SDF ? Ils se sont amputés du droit de choisir. Leurs dérisoires mensonges de la honte, je les connais. Celui-là était chanteur, il a hébergé un ami, l'ami a tenté de violer sa femme, il l'a tué. Douze ans de prison. Moralité : ex-taulard. Fait divers plus authentique : l'ami et lui étaient bourrés, ils se sont disputé une fille à coups de tessons, puis de couteaux. Vérité : il n'a pas voulu tuer. C'était lui ou l'autre… J'ai aussi un millionnaire. Il vit dans la rue, il préfère passer pour un pauvre. Un jour, il tient à me payer un coup à boire ; l'employé de la banque d'en face entre ici, fait un scandale : le milliardaire l'a dépouillé de son portefeuille. J'ai payé la tournée… Moralité : c'est un kleptomane très connu dans le quartier. Vérité : il ne peut s'en empêcher, problèmes au travail, pertes d'emploi, il continue de voler. Je crois leur vérité, pas leurs histoires. Toi, la tienne est vraie. Tu es brillant, un peu fragile peut-être. Tu l'as ta chance, tu l'as encore… Qu'est-ce que tu fous dans la zone ? Pourquoi as-tu calé ?

– J'ai pas calé…

– Tu t'es pris les pieds dans le tapis et tu as atterri sur un couteau de cuisine ?

La gorge de Romain se noue.

– Je ne sais que répondre. Vous lâchez jamais le morceau ?

– Que veux-tu faire de toi ?

– Écrire.

– Et tu écris ?

– J'écris une pièce.

– Ça parle de quoi ?

– Ça parle…

– De Kamel et de Fatma ?

– Non…

– De la reproduction des crevettes dans les mers du Sud ?

– D'un acteur.

– Ce doit être un type épatant… C'est qui ?

Romain mime :

– *You're talking to me ?*

Père Paul fait une moue interrogative. Romain s'étonne.

– Vous n'avez pas vu *Taxi Driver* ?

– J'ai vu *Un taxi pour… Tobrouk.*

Le père s'amuse de l'expression d'incrédulité de Romain.

– Tu sais, moi, le cinéma… À part Bourvil, Gabin, Ventura, Gaby Morlay…

Romain imite :

– *You're fuck my wife ?*

– Dis, je t'en prie…

– Vous voyez pas ?

Père Paul se frotte la joue. Romain souffle :

– *Le Parrain* ? *Raging Bull* ?

Père Paul s'agace.

– Le spécialiste, c'est toi. Moi, j'apprécie plutôt un film comme *Le Titanic.* J'aime beaucoup les histoires de naufrage.

– Mais tout le monde connaît ce gars-là… C'est un de nos plus grands acteurs contemporains…

Père Paul boude.

– Je vois pas. J'donne ma langue au chat.

Romain articule le nom du comédien. Père Paul se frappe le front.

– Évidemment ! Qu'est-ce qu'il a de spécial ?

– C'est un immense acteur ! Incommensurable ! Que vous aimiez *Le Titanic*, Ventura, Gabin… Mais ce gars-là, c'est… le B.A. BA. de la culture cinématographique, dit-il, docte.

– J'suis qu'un pauv'curé ! Et toi, un tout petit acteur… Tu vas lui faire une pub d'enfer dans ta pièce. Continue à refuser de faire ton métier, comme ça, il pourra jouer tes rôles à ta place. Et s'il les plante, tu pourras dire : « C'est la faute au B.A. BA. de la culture cinématographique. » T'as trouvé la combine ! Pour vivre heureux, vivons cachés, laissons faire le travail par les autres…

– Si je perds mon temps à écrire cette pièce, ça me regarde !

– Fais quelque chose de ta vie. Il a fait quelque chose de la sienne. Avant de devenir une référence, il a été comme toi et moi… (Père Paul médite, lointain.) Si tu écris une pièce, ce doit être une grande pièce.

– Vous n'y allez pas de main morte.

– Toute œuvre est témoignage, ou ne doit pas être. J'ai autant de respect pour une caissière consciencieuse que pour un acteur illustre. Ce qui compte, c'est la façon dont on fait les choses… Sinon, nous sommes voués à l'éphémère, au caprice des temps. Alors ? Est-ce une grande pièce ?

Romain se tait. Père Paul sourit.

Lundi soir, dans l'enfer du télé-marketing, Romain pilote un questionnaire. Sujet : tester l'intérêt pour un livre offert à l'achat d'une paire de lunettes « à peine floues ». Le chargé d'étude est à ses côtés et minute le temps passé au téléphone. Le haut-parleur est branché. Une voix âgée répond :

– Allô ?

Romain adresse un regard interrogatif au responsable. L'autre lui fait signe de couper. Le prospect n'est pas représentatif. Romain raccroche, s'emporte.

– Il faut cibler. De cette manière, on va se faire tout l'annuaire. Il faut un panel.

– Pas de panel pour cette étude. Le client veut travailler en éventail. On balaie…

Romain s'effleure le front, découragé. Compose un nouveau numéro, tombe sur un répondeur, reclaque le combiné.

– J'ai besoin d'une pause.

Le chef d'étude acquiesce. C'est un des avantages de la boîte : ils compatissent au stress…

22h. Romain s'est embusqué à la sortie du bureau. Nadège sort. Seule. Il la suit quelques mètres, la devine inquiète à sa marche qui s'accélère, l'interpelle.

– C'est moi. Te retourne pas, c'est un hold-up.

Elle fait face, puis volte-face, vive, en colère. Il la rattrape, la bloque. Devant elle, il tombe à genoux, lui interprétant pour elle seule un sketch qui ferait fureur au *Café de la Gare.*

– Pardon.

Elle veut l'éviter. Il la saisit au bas des jambes, rampe à ses pieds.

– Je suis confus de désolation, pétri d'excuses... Fais quelque chose, sinon je te suis comme ça jusque devant ta porte.

Elle avance, le devance, hésitante. Il la suit.

– Pour toi, je traverserai les montagnes, j'affronterai les lions, je vaincrai Goliath et David. Je me couvrirai la tête de cendres...

Elle s'arrête.

– Mais s'il pleut lundi, je ne sais pas si je viendrai.

Rires. Il se relève, se brique les genoux. Propose :

– Un petit café ?

Elle secoue la tête.

– T'es chié...

Ils s'installent au tabac du coin. Il lui prend les mains.

– À l'hôpital, je me suis mal exprimé. Je voulais dire : ne confondons pas un besoin de tendresse partagée avec notre hérédité judéo-chrétienne. On peut se faire un câlin de temps en temps, sans forcément « engendrer ensuite une équipe de basket »... Restons potes.

Elle sourit, silencieuse, le regarde.

– J'avais compris, dit-elle.

Ils rient.

– Tu viens chez moi ?

– Pour me faire...
– Un café, juste un café.

Devant une station de taxis, Romain s'arrête, tenté. Nadège le tire par la main. Il crie, jouant au gosse :
– Je veux un taxi, je veux un taxi.
– T'es payé quarante-sept francs le questionnaire. Avance, nouveau pauvre.
Dans le métro, ils discutent de tout, de rien, de rien sur tout, amicaux. On dirait des étudiants revenant de la fac. Devant la porte encore fermée de sa piaule, Romain annonce la couleur.
– Bienvenue à la villa *Sam suffit pas encore...*
Ils entrent. Il attend, stoïque, sa réaction.
– Ah ! c'est nettement plus grand que mes tiroirs, dit-elle.
Il retend le dessus du lit, s'y assied en tailleur. Elle choisit la chaise. Désœuvrée, elle effleure les papiers sur la table, y jette un coup d'œil, s'y intéresse.
– Tiens, t'aime bien De Niro ?
Il se lève, prend les feuillets, les range, vif.
– C'est personnel,... mes notes de travail.
Elle s'étonne.
– Y a pas mort d'homme !
Il la détaille, circonspect.
– C'est crétin. (Il s'embarrasse.) C'est teenager... Enfin, c'est... C'est qui ton acteur, toi ? Enfin, je veux dire...
Elle sourit, complice. Il se rengorge.
– À part moi ?
Elle rit, ne répond pas. Romain se sent pousser des ailes tout à coup. Des ailes de gaîté. Il prépare des tasses, et trop énergique, en renverse une. Elle l'observe, en invitée, amusée. Il maugrée.

– M'aide pas, surtout.

Il lui tend le gobelet, lui plante un bécot sur les lèvres, se rassied.

– Je t'aime bien… Mais alors, t'es pas causante.

– Je t'écoute.

– Moi aussi… T'entends ?

– Quoi ?

Il bat la mesure de l'index.

– La symphonie du silence.

Elle le rejoint. Il questionne, finaud, malicieux :

– Tu ne m'avais pas dragué au hasard ?

Elle rit. Silence remplumé de fierté, Romain secoue la tête.

– T'en voulais à mon chéquier ? Je plaisante. (Il indique la chambre d'un geste vague.) Déçue ?

– Elle n'est pas si moche que ça, ta chambre…

– J'ai eu un cent vingt mètres carrés dans le Marais.

– Et j'ai eu des dents de lait…

Il rit, d'un rire franc.

– D'où tu sors, toi ?

Elle ne répond pas. Il se lève, reprend ses notes.

– Tu veux entendre le nouveau Bill ?

– Bill ?

– Will Shake ? Mon futur pseudo, ça en jette, hein ?

– C'est mieux que Ice Scream…

Elle s'installe, écoute. Il lit quelques feuillets, rythmant tous les rôles, ludique. Elle éclate de rire.

– C'est marrant.

– Je ne sais pas ce que ça vaut. Les comédiens avec qui j'ai travaillé pour élaborer cette bafouille trouvent ça intéressant. Enfin, l'idée…

– S'ils te suivent, c'est bon.

– Je ne sais pas. Je voudrais parler du rapport à la célébrité…

Ses yeux se brouillent. Il renifle, se frictionne les paupières.

– Lui, il a réussi. Les gens vont comprendre ce que je veux dire, avec lui.

– Avec toi aussi.

– Moi, j'suis déchu.

– Et déçu…

Appuyé contre le rebord de la table, il pleure. Elle s'approche, se tient à côté de lui, bras ballants.

– Alors, ma poule… Tu nous fais un p'tit coup de blues ?

Il s'accroche dans ses bras, se serre contre sa chaleur.

– C'est idiot…

– Quoi ?

– De pleurer. Je pleure tout le temps, pour un rien.

– Ça lave les yeux.

Plus tard, couchés l'un contre l'autre, peau contre peau, Romain lui chuchote une histoire.

– Tu connais la blague du grand acteur ? Un acteur est traqué par une nana depuis des années. Elle ne lui dit jamais rien. Un jour, il en a marre et lui demande ce qu'elle veut. Elle répond : « Faire l'amour avec toi. » Ils vont dans une chambre. Avant le câlin, elle lui dit : « Tu es vraiment un grand homme. » Au petit matin, il se réveille seul. Il trouve un mot sur la table de nuit…

– Qu'est-ce qu'il y avait d'écrit ?

– « T'étais vraiment un grand acteur. »

Par la fenêtre entrouverte, la nuit emporte leurs rires à deux, aux notes claires, la pluie l'entend et, au goutte-à-goutte, va conter sa musique aux campagnes lointaines, à la mer des pirates…

Vendredi, 17h. La bande à *Œdipe* est partie. Romain et le père Paul rangent la salle. Le garçon chante.

– *Agazou, zou, zou. Pousse l'ananas et moud le café. Agazou, zou, zou…*

Le père l'observe discrètement et rit dans la barbe qu'il n'a pas.

– Chantez avec moi, mon père. C'est facile…

Il reprend, en chorégraphiant une bourrée improvisée.

Ils s'attablent à nouveau au *Café du métro*. Le père lui tend un journal.

– Tiens, il est à Paris, ton bonhomme.

Romain lit le titre. Dit, fort :

– De Niro est à Paris ?

Il se lève, recommence à chantonner, à danser en demi-pointes. Le père, touché par cette expression de gaieté, cache son plaisir dans le creux de sa paume. Un serveur donne le tempo à Romain. Ils esquissent quelques pas ensemble, se congratulent. Romain se rassied.

– C'est gentil de m'en informer. Je le savais. Il y est pour un film.

– Tu n'essaies pas de le rencontrer ?

Romain se frappe le front, ludique.

– Super idée. Je vais l'inviter à venir prendre un café à la maison. Il sera obligé de s'asseoir sur le frigidaire, mais ça lui fera quelque chose à raconter.

Le prêtre se tient coi.

– C'est une joke. J'ai été acteur dans une vie antérieure. Dans ce métier, nous sommes un tantinet caustiques et fiers de l'être…

– Ça me paraissait être une bonne idée. Pour ta pièce…

– Je l'ai déjà eue…

– Tu as pu lui en…

Romain le coupe.

– Bon, mon père, soyons réalistes. (Il tapote sa poche.) C'est sainte touche, je vous invite.

– Quoi ?

– La paye. J'ai palpé mon chèque. J'ai promis, je vous invite.

– Plus tard, quand tu seras vraiment remis à flot…

– Ah non… Vous avez dit « Prends-toi en main, mon petit gars. » J'ai fait les comptes, j'ai même déjà payé Harpagon. Désolé, vous êtes de corvée : ce soir, on va dîner…

Le prêtre s'incline, approbateur, touché.

Quand Père Paul n'investit pas son énergie à remonter le moral de ses frères humains, il redevient l'homme gris, discret, intimidé, la sensibilité à fleur de peau.

Délicat, attentif à ses gestes, il enroule studieusement ses spaghettis sur le fond de sa cuillère.

– C'est bon ?

Père Paul hoche positivement la tête, courtois. Romain ironise :

– J'ai les mêmes à la maison.

– … Toujours remercier les bienfaits du Seigneur.

Il arrête de manger, ferme les yeux.

– Père… Vous n'êtes pas en train de prier ?

Le prêtre ne répond pas.

– Hé ! ce ne sont que de simples pâtes…

Père Paul reprend tranquillement son repas. Romain croise les bras.

– Quand vous priez, il vous répond ?

Père Paul confirme d'un hochement du chef.

– Y vous dit quoi ?

– Dieu sait tout et je ne répète jamais rien.

– Que lui avez-vous dit ?

– Je l'ai béni pour ce moment partagé et remercié de te voir si heureux. Tu es amoureux ?

– De la vie, ouais… Aujourd'hui, je suis amoureux de la vie… Père, ne le prenez pas de travers… Une prière dans un resto, ça me met mal à l'aise. C'est un peu… théâtral. Vous fâchez pas…

– Je suis prêtre, je prie. À chacun sa cuisine et ses règles de savoir-vivre… J'ai besoin d'exprimer ma foi.

Romain lui tend la main. Surpris, le prêtre lui offre la sienne.

– J'ai besoin d'exprimer la mienne. Si « mon voisin de palier » vous apprécie, c'est un chic type. Moi, je crois en l'homme.

– Mais tu aimes Dieu…

Romain sourit et ne répond pas.

Un mois passe, égrenant des jours où les habitudes, apprivoisées, reviennent. Romain se lève chaque jour à 7h. Dénudé, il se savonne le corps, se recueille devant la penderie en désordre, choisit la chemise froissée du jour, le pantalon assorti soigneusement chiffonné lui aussi, les secoue, les replie dans le bon ordre et les repasse sous le matelas… Le fer a rendu l'âme. Romain rebondit sur le sommier, écrasant les vêtements. Le résultat est très approximatif. Il se sert un café, fume une cigarette, ouvre le frigidaire, s'incline devant un cadavre de bouteille et dit : « Repose en paix ». S'assied devant ses notes, se concentre. Sort de ce lieu où, malgré tout, le silence l'emprisonne encore. Marche une vingtaine de minutes au gré des rues. Achète le journal, entre dans un café, où il écrira toute la journée, consommant peu, fumant beaucoup, sans pratiquement relever la tête, jusqu'à 16h30, heure du boulot. Rythmer sa vie d'habitudes est équilibrant, disait le docteur Philip.

Paris est une ville tolérante envers les marottes d'artistes. Ils ne sont jugés ni dans un sens, ni dans un autre. Le cliché est déjà vu, le serveur se contente de servir, sans poser de questions, ni amical, ni réprobateur. Et un poète attablé apporte un petit plus à la maison : il attire le touriste. Serait-il un infâme gribouilleur, ce poète apporte le parfum oublié de tous les *Café de Flore* du monde…

L'atelier d'*Œdipe* prend forme et corps, les acteurs de l'infortune se disciplinent. Romain lutte ferme avec leur envie de polémique sur la tragédie du social. Il les guide à travers l'œuvre. À l'un d'eux, fâché, lui rétorquant « Je suis venu ici pour parler », il a répondu « Alors, joue. »

Il perçoit une confiance neuve dans les liens du groupe. Le père Paul a pris leur défense… Parfois, Romain est rude à l'ouvrage… Le prêtre a plaidé.

– Ils ne sont pas acteurs, Romain. Tu y vas un peu fort… Le théâtre peut sûrement leur apporter de nouveaux horizons, mais ce n'est pas leur métier.

Romain a guerroyé.

– S'ils analysent leur identité sociale grâce à Œdipe, tant mieux. Ce n'est pas mon but. Le théâtre, c'est la culture. Tout le monde a droit à la culture, c'est pour ça que je fais du théâtre avec eux.

Le prêtre s'est étonné de sa fougue et l'a presque admirée.

Romain renaît, ses forces se rééquilibrent.

La pendule d'argent,
Qui dit oui, qui dit non,
Et puis qui nous attend.
Les vieux ne parlent pas,
Mais ils prient tout bas,
Devant la pendule d'argent

Qui ronronne au salon
Et puis qui les attend...

Sur la route bleue, sous le ciel rose et venteux de janvier, Romain rentre chez lui. La maison de ses parents a les briques voûtées. Il sonne, sa mère ouvre, écrase ses mains jointes sur ses lèvres, et ses yeux bleus s'engorgent de flots pâles. Petite, si petite.

Il l'embrasse avec pudeur. La silhouette de son père se profile dans l'ombre du couloir. Romain lui adresse un petit signe. Colère qui pleure à l'autre bout du fil... Il y a des pas et des espaces qu'on franchit d'un seul élan... Caresse de vieux fauve sur la nuque du lionceau que tant d'amour intimide. Regards qui se cherchent.

Dans le salon, le pendule d'argent, celle qui dit oui, celle qui dit non, s'est arrêtée, juste un temps.

Nadège et Romain sortent du cinéma *Le Rex*. Ils sont devenus des copains-amants, des amants souvent, et des amants de sortie qui partagent un plaisir commun pour le septième art. Au café où ils vont s'offrir une boisson après la projection, Romain fulmine.

– Comment ose-t-il me faire ça ?

– Parle moins fort, Romain. Les gens se retournent.

– Mais c'est De Niro.

– Et ce n'est qu'un film... On dirait qu'il t'a fait un affront personnel, arrête. Moi, j'ai bien aimé, ne gâche pas ma soirée, cache ta joie.

– C'est scandaleux.

– C'est pas une tragédie antique. Baisse d'un ton. Calmos.

– C'est un acteur rare, comment peut-il...

– Dis, ça va. T'as pas aimé, t'as pas aimé. On ne va pas le passer ce soir aux infos, alors dolce sur les trémolos. Et puis ton De Niro… Il tourne, lui, au moins. Il ne poignarde pas ses petits camarades dans le dos, à minuit, dans les cafés…

Romain sursaute, blessé.

– Touché.

Elle remue sa petite cuillère inutilement, éraflant le fond de la tasse. Dit, agacée :

– Combien de temps comptes-tu encore rester sur le banc à commenter le match joué par les autres ?

– Tu n'as pas de chance, c'est vrai. Il y a quelque temps, je t'aurais emmenée souper chez *Charlot*… On aurait mangé les meilleures huîtres de Paris… T'as pas le sens de l'opportunité, tu donnes dans les *has been.*

Elle se lève, comme pour partir. Il la rattrape, las, par le poignet…

– Reste avec moi.

Elle s'immobilise, attentive. Il insiste.

– Assieds-toi.

Elle s'exécute lentement, intriguée et plus habituée aux crises passionnelles de Romain, dans lesquelles il fonce comme un seul homme, qu'à une rémission plus « mature ».

– Le cinéma me fait cet effet-là. Quand j'ai aimé le film, je suis euphorique. Dans le cas contraire, je suis vraiment en colère.

– C'est un effet névrotique, si tu veux mon avis… Les oreilles de Bobby ont dû tinter.

Romain se détend.

– Ce qu'on ne sait pas ne fait pas de mal.

– De Niro, le risque de déplaire, il le prend.

– J'ai pris un risque, j'ai dit non.

– Non à quoi ?

– Non à n'importe quoi, à n'importe comment, avec n'importe qui…

– Tu ne te mouches pas dans l'humilité… De Niro l'a pris, le risque. Mais lui, il l'a pris dans le oui… Pardon d'être lucide, mais ça me paraît plus rentable. Sérieusement, que comptes-tu faire ? Persévérer dans le phone-marketing ? Devenir critique de cinéma ?

Nadège est également passionnelle. Il monte d'un ton, affirme, fort :

– Écrire… Comme ça, j'irai voir les histoires que j'ai envie de voir.

La situation devient surréaliste. Les autres clients se retournent vraiment. Un homme sourit dans leur direction, intrigué par l'algarade. Romain reprend plus bas, mais tout aussi vif.

– Je ne veux plus être acteur. C'est quand même mon droit.

Elle le regarde, comme triste, une jolie tristesse pleine de tendresse. Sa douceur apitoyée le fragilise.

– … Me regarde pas comme ça. On dirait que tu vas donner la pâtée à un chien.

– Quel gâchis… Tu devrais essayer de le rencontrer, De Niro.

Romain a une réaction vive.

– Non.

– Non quoi ?

– Je ne veux pas.

– C'est très courageux.

La colère secoue de nouveau Romain.

– Ça ne l'intéresse pas.

– Quoi ?

– Je lui ai envoyé ma pièce, il n'a pas répondu.

Elle dit, imitant une voix de gamine :

– Oh ! l'est pas gentil, Bobby… S'il n'a pas répondu, comment peux-tu savoir que ça ne l'intéresse pas ?

– J'ai reçu une réponse de sa boîte de prod qui disait non…

– Ah bon… Alors, lui aussi est capable de prendre un risque ? Je ne comprends pas l'importance que tu lui accordes.

– … dais. Accordais.

– Il s'est pris un coup de canif aux galons, le personnage fétiche de ta pièce ?

Romain se tait, hausse les épaules, Nadège insiste.

– Je ne comprends pas. Que tu l'admires, que son histoire t'intéresse, passe. Certains s'intéressent bien à la Pompadour. Mais que tu te mettes en colère pour un film… Il ne l'a pas écrit que je sache ? On dirait… (Elle cherche ses mots.) On dirait que tu lui en veux. C'est bizarre.

– Je suis acteur. Tous les acteurs parlent comme ça…

– Ouais… mais enfin là, il s'agit de De Niro…

– C'est pas le Pape. Qu'est-ce que c'est que ce terrorisme intellectuel à la con ? J'ai pas aimé, c'est tout, j'ai pas aimé.

– Tu m'agaces, et c'est moi qui prend la sauce. Écris-le lui, épargne-moi.

– Je l'ai déjà fait.

Elle écoute, il se frotte l'épaule, s'agite.

– J'ai été… pas trop bien, ces temps derniers. Je lui écrivais des lettres. (Il l'envisage, dit, fort :) Je suis humilié. Voilà. J'ai honte. T'es contente ?

– Non… (Elle médite.) Tu lui écrivais, et alors ? Pour lui dire qu'il était mauvais comme un pendu sans sa corde, c'est peut-être pas très sympa, mais…

Il se fâche.

– Non, je ne lui écrivais pas ça. Je me confiais, dit-il penaud. Mes idées, mes impressions.

– Tu en faisais quoi, de ces lettres ?

– Je les déchirais.

– C'est un acte manqué.

– J'ai été suffisamment ridicule de les écrire.

– On n'en meurt pas.

– Enfin, Nadège, je suis acteur. Si je racontais ça à n'importe lequel de mes potes, il crierait au maniaco-dépressif.

– Et évoquerait sa dépression secrète avec Sharon Stone ? Tu t'es confié à un inconnu, ça t'a soulagé. À présent, tu nous en pond une pendule. Oublie. Apprends à te moquer de toi-même. Nous sommes tous fragiles, nous avons tous besoin de le dire. T'as choisi De Niro, t'aurais pu tomber sur plus borné. Oublie tout ça, écris ta pièce… Et quand on va voir un film avec lui, ne salope pas ma soirée. J'ai aimé le film, moi.

Il rit et murmure :

– Raconte-moi ton histoire.

– Je voulais être l'égale de Michèle Pfeiffer, mais j'ai dix kilos de trop. Bon. On s'en va ?

Il sourit, elle aussi, complice, gaie avec elle-même. Il paie, l'emmène. Ils se fondent dans la ville lumière, aux pluies perlées, gouttes embourbées, strass pleurés par la nuit, que le matin dissout.

Dans le bureau de la maison des Pères, Père Paul lit la pièce de Romain. Il est très tard. Il rit souvent. La bière qu'il s'est servie a démoussé dans le verre. Tout en continuant de lire, il tâtonne pour trouver le commutateur, éteint. Regagne son étage et reprend sa lecture.

Vendredi soir. La représentation d'*Œdipe* aura lieu la semaine prochaine. La troupe est nerveuse et très motivée. À la sortie, un journaliste attend Romain. Il lui propose de faire un reportage sur ce travail. Romain répond « Pas question ». Le journaliste insiste, Romain l'envoie promener. Le type s'en va, proférant quelques commentaires bien sentis.

Père Paul est en colère, une colère inexprimable et sourde. Au café de leurs retrouvailles à présent rituelles, il dit :

– Tu décides pour les autres maintenant ?

– Vous voulez un coup de pub, mon père ?

– Ça aiderait la paroisse et mon travail, oui.

– Je ne veux pas les exhiber. On n'est pas au cirque.

– Tu préfères les dissimuler ? Quand tu joues, toi, on en parle dans le journal… Sont-ils différents ?

Romain est embarrassé, et la peine sincère de son ami le touche.

– C'est parce que c'est moi. C'est sur moi qu'il veut faire un article… Connaissant la presse, je ne peux pas vous garantir que cette entreprise ne sera pas tournée en ridicule, ou en psychodrame délirant… Vous y tenez vraiment ?

Père Paul ponctue positivement, têtu et empourpré.

– Oui, j'y tiens.

– D'accord. Je connais le bonhomme, je vais le rappeler. Il va falloir que je mette de l'eau dans mon vin, ça ne me plaît pas, mais si vous trouvez ça important…

– Très important.

– D'accord, d'accord. Je vais rentrer mes griffes… Bon, vous arrêtez de bouder, maintenant ?

Père Paul se déride. Romain lui offre à boire, demande :

– Vous avez lu ma pièce ?

– Oui.

– Alors ?

Le prêtre ménage sa réponse, peu habitué à donner un avis sur ses lectures.

– C'est bon. Je ne suis pas spécialiste, mais ça me paraît bon... C'est amusant.

– Amusant ? Vous voulez dire gentil ?

– Oui. C'est sympathique.

– Alors, ce n'est pas bon.

Le prêtre réagit en s'empourprant violemment sous la remarque. Puis bégaie un peu.

– Enfin, que cherches-tu ? Je ne suis pas un spécialiste, mais pour moi, c'est bon.

– Je cherche quelque chose de pur, de dur, de parfait.

– Eh bien, c'est pur, dur et parfait.

Romain sourit.

– Excusez-moi, mon père... Je ne suis pas facile à vivre, je sais...

– Si j'étais De Niro, je dirais la même chose.

– Vous ne l'êtes pas, c'est dommage.

– Tu vas la lui envoyer ?

– Ah non... Chat qui se mouille ne retourne pas au bain.

Devant l'expression surprise du prêtre, Romain explique, las :

– Je lui ai envoyé la première version, ça ne l'intéresse pas.

– Ce n'est pas celle que j'ai lue ?

– Non.

– Il aimera peut-être la nouvelle.

Romain essaie de rester calme.

– Pourquoi voulez-vous tous que je me prenne une porte sur le pif ?

– Pauvre homme...

– Quoi ?

– Il va mourir idiot... en ayant lu la mauvaise pièce. C'est pas de chance...

– De toute façon, il ne l'a pas lue. C'est son staff qui l'a lue… S'ils l'ont lue…

– Tu as une confiance en toi à toute épreuve. On peut utiliser le nom de quelqu'un de connu, comme ça, sans lui demander son avis ?

– Non.

– Alors, il va falloir que tu la lui renvoies.

– Je lui demanderai le feu vert. Moi, ou le producteur utopique qui s'intéressera, sait-on jamais, à ce texte…

– Et pourquoi n'essaies-tu pas de le rencontrer ?

Devant l'expression exaspérée de Romain, Père Paul argumente, modeste et doux.

– Puisqu'il est à Paris…

– D'accord. D'accord, je vais recommencer le parcours du combattant. Mais après, je ne veux plus en entendre parler. Clair ?

– C'était juste une suggestion…

– J'ai dit : d'accord.

Père Paul est satisfait. Romain secoue la tête et se la prend, une seconde, dans les mains.

– On y va. Je vous raccompagne.

Sur le pas de la porte, le prêtre, enthousiaste, dit encore :

– Tu sais, je crois que c'est une bonne idée.

– Mais oui, mon père, c'est une bonne idée. N'attendez pas de miracle, mais si ça vous fait plaisir…

– Le miracle est quotidien.

Romain inspire.

– Mon père… Même Dieu n'arriverait pas à rencontrer De Niro.

Père Paul s'étonne, sincère.

– Même Dieu ? Je voudrais bien voir ça…

Il referme la porte sur un salut énigmatique. Romain rentre chez lui.

Le lendemain, il téléphone au père Paul et lui annonce, sur le ton d'une fausse joie ironique :

– Mon père, j'ai été pris. Je vais faire de la figu sur *Ronin.*

– Moi aussi.

Un très long silence suit cette bonne nouvelle, coupé au final par le rire rengorgé du père Paul, qui explique, fier de son effet :

– Il y a deux jours, j'ai trouvé une annonce dans un journal. Ils cherchaient des gens ayant une voiture. Je me suis inscrit. Ils m'ont appelé hier matin. Voilà. Je ne voulais pas t'en parler avant que tu aies bougé de ton côté.

– C'est pas juste. J'ai dû faire intervenir une copine qui travaille à la production. C'est le casting figu le plus couru de Paris. Le responsable de la figuration m'a dit qu'il y avait six mille inscrits pour six cents postes et que certains postulants venaient d'Allemagne et d'Italie. Quant aux petits rôles encore à distribuer, ça correspond à un pour mille. L'engouement est général. C'est la grande solderie de Noël : des acteurs acceptent des silhouettes, juste pour la gloire. Pardonnez-moi l'expression, c'est la curée, mon Père. Vous avez le c… Vous avez les fesses bordées de soie.

– C'est un miracle.

– Pouvez le dire. Vous y allez quand ?

– J'ai rendez-vous lundi.

– J'ai traduit ma pièce. Je l'envoie à la secrétaire du tournage. Ça, vous n'l'avez pas fait ? (Rire du prêtre) À lundi.

Romain passe le week-end avec Nadège, enthousiasmée. Il ne cesse de grommeler. « Mais enfin, ce n'est qu'une figu. »

10 février 1998. Romain appelle le service figuration pour avoir le lieu de rendez-vous du tournage. Une voix affolée lui répond de rappeler dans le courant de la semaine. Romain refait le numéro et leur passe un savon, ça soulage. De son côté, le père Paul est surpris, lui aussi. Romain, blasé, lui dit de ne pas se poser trop de questions. Désœuvrés tous deux, ils décident de se retrouver dans leur café habituel en fin d'après-midi.

15h. La radio branchée de Romain lui apprend la mise en examen du comédien. L'information dit : *L'acteur américain Robert De Niro a été arrêté ce matin et mis en examen.*

Une demi-heure plus tard, l'information est à nouveau diffusée. Le commentaire énonce : *Robert De Niro, l'acteur américain, à Paris pour le tournage de* Ronin, *a été arrêté par six policiers et mis en examen à la demande du juge N'Guyen. L'arrestation a eu lieu dans le palace où le comédien était descendu, le* Bristol, *dans le quatrième arrondissement parisien, suite 700.*

Ils auraient dû préciser quels vêtements il portait, sa pointure, et quelle était la couleur du papier peint de la fameuse suite. Romain s'est fait à haute voix cette réflexion ironique, qu'il adresse, ludique, au poste de radio. La voix rauque de Patricia Kaas lui répond. *Mon mec à moi, il me parle d'aventures...*

Impulsif, Romain a besoin d'agir. Il ne sait pas vraiment pourquoi. Une nervosité le gagne et l'intoxique. Il appelle la préfecture. Rebondit de service en service. On lui passe le responsable des relations publiques. Il ne le laisse pas parler.

– Ce matin, j'avais un job. Je devais faire une figu sur un film. Vous n'avez rien trouvé de mieux que de prendre l'acteur principal en otage. Vous trouvez ça original ? Je vous explique : si De Niro ne tourne pas, personne ne tourne. Je suis figurant, et alors, je n'ai pas le droit de bouffer ?

L'homme compatit.

– Ce n'est pas moi qui décide, c'est le juge.

– Que croyez-vous qu'il est venu faire à Paris, De Niro ? Du tourisme ?

– Ce n'est pas moi qui décide, c'est le juge.

– Vous allez le garder combien de temps, comme ça ?

– Ce n'est pas moi qui décide, c'est le juge.

– Y s'appelle comment, vot'juge ? Pinochet ?

– Monsieur, je vous en prie.

– Je lui envoie la facture de mon loyer ?

– Je comprends votre déception, mais...

– Ma déception ? Votre juge met au chômage une équipe de six cents personnes. Il n'y a pas de prime de précarité, dans mon job. Combien de temps comptez-vous le garder ? Histoire de savoir si je bosse demain ou si je vais me faire un petit tennis ?

– Je n'ai pas le droit d'évoquer cette affaire...

– Pourtant, tout le monde en parle et sans rien en savoir de très exact. Je croyais que, par déontologie, une affaire qui n'a pas encore été jugée ne devait pas apparaître dans le domaine public. C'est quoi, votre Palais de Justice ? Un morceau de gruyère ?

– Ce n'est pas moi qui décide, c'est le juge.

– Vous exigez combien de rançon pour nous le rendre ? On peut se cotiser si vous voulez... Blague dans le coin, ça va durer longtemps?

– Monsieur, je comprends votre souci, mais je vous répète, je n'en sais pas plus. Ce n'est pas moi qui décide, c'est le...

– Passez-moi le juge.

– Je suis désolé monsieur. J'espère que ça ira pour vous.

– Ouais, c'est ça. Merci bien.

Il raccroche. Démarche superflue, mais qui soulage, elle aussi. Cette rébellion gratuite a une parenté familière avec les élans sains et parfois rageurs du père Paul.

Vers 17h, il rejoint le prêtre au *Café du métro.* Son expression déçue lui fait de la peine.

– Vous y teniez tellement, à cette petite aventure ?

– J'étais content, oui. J'avais pris congé auprès de l'Évêché, ça ne m'arrive jamais... Et ça a l'air grave, cette affaire...

– C'est de l'intox...

Le père Paul ne comprend pas. Romain demande au serveur le journal réservé à la clientèle. Il ouvre le quotidien.

– Regardez mon père, les événements importants du jour : 87 personnes massacrées en Algérie ont droit à cinq lignes dans la colonne des faits divers internationaux. Les chômeurs descendent dans la rue, font la première page, mais ça fait trois mois qu'ils chahutent...

– Oui, mais ton ami ?

– Ce n'est pas mon ami. C'est un très bel acteur. Je l'apprécie parfois de façon trop enthousiaste et démonstrative, c'est vrai, mais ce n'est pas mon ami. On va remâcher cette histoire dans tous les kiosques du monde pendant des mois. Ce qui m'agace le plus : c'est de l'intox, et je le sais. J'ai perdu une journée de travail, je n'en ai pas les moyens. Et vous, une belle illusion. Il ne nous reste plus qu'à palabrer dans un café... Il nous sert d'écran de fumée... La presse va monter ce fétu de paille en un bateau gigantesque, on ne parlera plus que de ça. Ça nous évitera de penser.

– La presse est un outil d'information nécessaire et utile.

– C'est de l'intox, je vous dis. Une information lancée avant d'avoir été sérieusement vérifiée. Notre époque, régie par le pouvoir médiatique, a droit au scoop, pas à la vérité. Il y a de grands journalistes, même en matière de cinéma. Ils font bien leur travail, prennent rendez-vous pour leurs entretiens, les séances photos. Leurs revues coûtent plus cher et sont malheureusement boudées ou méconnues du grand public. Je ne parle pas de ceux-là. Je parle des potaches, des insouciants, des avides du scoop. Ils entendent un coq chanter, ils ne savent pas dans quelle basse-cour, mais blablabla... Ils répètent des bruits d'étable. Si ce n'est pas vrai, il suffira de démentir ; ce qu'ils ne font jamais. Certains, dans la presse écrite, ne sont même pas fichus d'écrire correctement. C'est affligeant. Vous n'imaginez pas ce qu'ils sont capables d'infliger à des gens qui, à part qu'ils sont connus, riches et plus doués qu'eux, ne leur ont rien fait. La revanche des médiocres... Vous ne pouvez vous figurer à quel point ils sont aptes à s'acharner, à traquer, à pratiquer l'assassinat moral, insidieusement. Le pire : je les crois plus incompétents que méchants. Cette fois, je sature. L'affaire Clinton-Lewinsky, le risque d'une nouvelle opération militaire en Irak, l'insinuation médiatique invérifiable qu'elle serait lancée pour redorer le blason du président... Demain, qu'est-ce qui nous pend au nez ? Nous sommes à deux ans de l'an 2000...

Y'en a marre. Des gens risquent leur peau, à l'autre bout de la planète, pour une histoire de kiki dans un salon privé de la Maison Blanche. Un homme se fait arrêter, la presse évite le vrai débat de l'arrestation abusive.

Père Paul pose les mains à plat sur la table, dit, irrité :

– Tu parles comme un perroquet. Tu amalgames.

– Ce n'est pas moi qui l'ai provoqué, l'amalgame.

– Dis-moi que tu es déçu, triste pour ton ami…

– Ce n'est pas mon ami.

Père Paul acquiesce.

– D'accord, d'accord, ce n'est pas ton ami. J'aimerais avoir un ennemi comme toi, moi…

Romain renifle, boude.

– Six flics, vous vous rendez compte ? Ils lui ont envoyé six flics. C'est pas Al Capone, même s'il a joué le rôle. Pourquoi pas les hélicoptères et le FBI ? À la radio, ils ont donné l'adresse de son hôtel, le numéro de sa suite… Il va avoir droit à un retour en fanfare.

– Romain, c'est lui qui a été arrêté, pas toi.

– Je suis ridicule, hein ?

– Non.

– Je peux venir chez vous ce soir ? Je ne travaille pas dans ma boîte de marketing, et pour cause… Nous regarderons les infos ensemble, et je vous tiens le pari que, ce soir, De Niro est libre. Il sera passé du statut d'inculpé provisoire à celui d'erreur d'appréciation. Vous verrez si je suis un perroquet. Vous tenez l'enjeu ?

– Si tu veux…

L'avenir proche donne raison à Romain. Il exulte. Le père Paul est vexé.

– Il n'y a pas de fumée sans feu.

– Si, mon père... Les fumigènes. Utilisés au cinéma et au théâtre pour masquer l'action principale dans un flou artistique. Et vous voudriez vraiment que je retourne dans ce panier de crabes.

– Il ne faut pas prendre fait et cause sans discernement.

– Je vous l'avais dit : il est passé du statut d'inculpé provisoire à celui de témoin involontaire... À vouloir trop discerner, on reste aveugle. Je refuse d'avoir à supporter dans mon avenir des scandales que je n'ai pas provoqués. J'ai déjà eu ma part, et je vous assure, c'est douloureux. J'ai compris : rideau, pouce. Je vais passer le reste de ma vie à dorloter mes pantoufles et à bichonner un bonheur plus modeste.

Père Paul s'obstine.

– Je comprends ton point de vue, mais il s'agit d'une affaire de mœurs. Les affaires de mœurs sont tragiquement d'actualité et...

– Mon Père...

L'intervention de Romain a claqué, autoritaire. Il se reprend, se pince l'arête du nez, regarde son ami avec une étrange intensité.

– Je suis névrotique, passionné, obsessionnel, extrémiste et engagé. Il s'agit d'une arrestation, d'une mise en examen, pas d'une histoire louche sur le show-biz. On l'a accusé, cet homme, c'est grave, merde. Cette pièce que j'écris à partir de lui m'engage dans une cause perdue, et je suis fatigué. Affaire de mœurs, affaire de dégueulasserie, oui... Dans six mois, elle se résumera à s'intéresser de trop près à la vie parfaitement privée de Robert De Niro, à nous demander, à nous, pauvre peuple, d'être ses témoins de moralité, à faire la part des choses dans une affaire privée qui, comme son nom l'indique, ne nous concerne pas.

Et on nous demandera pourtant d'être juge et partie. De compatir à son problème pour oublier les nôtres. Vous trouvez normal qu'un père, un homme, un ami, un mari ait à s'expliquer ensuite devant sa femme, ses gosses et ses amis d'une chose qu'il n'a pas faite ? C'est le résumé de la journée : il n'a rien fait. Rien qui mérite qu'on l'arrête. Des juges, il va en trouver dans le regard des gens autour de lui, dans leur manière d'être d'accord avec lui et de ne pas en penser moins dans leur petit quant-à-soi... Courtoisie ambiguë, je ne voudrais pas avoir à la connaître. La moindre des choses aurait été de dire à cet homme ce qu'il avait fait. Une journée dans un Palais de Justice. Il a eu le temps de se poser la question. Au final, rien. Nibe. On s'excuse... Vous ne trouvez pas ça un peu facile ? Vous avez raison, c'est une affaire de mœurs, mais elle concerne nos mœurs... Je suis fatigué d'être la poubelle des grands de ce monde et, quand je joue, de devenir celle des commères... Ras-le-bol d'être au milieu du champ de tir. Elle est là, ma colère. Ce que je vous dis, est-ce faire preuve de discernement ?

Le père Paul, l'écoutant encore, le guide vers la porte.

Sur le seuil, Romain écrase sa cigarette et continue :

– Pardon d'avoir discouru si longtemps. J'ai un petit côté « show à la tribune ». J'adore exhiber mon intellect...

Il allume une nouvelle cigarette, exhale encore à travers la volute grise :

– J'ai fait parvenir ma pièce à Robert De Niro, samedi soir, poste du Louvre. La secrétaire du tournage m'a confirmé qu'elle la transmettrait à son assistante. Dans ma lettre d'accompagnement, je lui précisais que je serais sur le tournage cette semaine et lui souhaitais un bon séjour à Paris. J'espère qu'il a le sens de l'humour.

Père Paul hoche la tête, mi-raisonneur, mi-amusé. Romain lui adresse un regard de cocker penaud.

– Je perds mon temps, hein ?

– On ne le perd jamais à tenter quelque chose de juste.

Romain lui tend la main.

– Carpe diem, mon Père, carpe diem.

Le lendemain, les journaux rendent compte de la colère de l'acteur. La grande presse, mesurée, informe et commente peu. La presse à scandales s'en donne à cœur joie. La polémique met l'acteur américain sur le devant de la scène médiatique, et l'affaire qui l'a impliqué reste paradoxalement inexpliquée. Le verbe journalistique semble en perdre son latin. Les « vrais » journalistes, n'ayant aucune information digne de ce nom à se mettre sous la dent et histoire de rehausser le débat, placent l'accent sur la carrière du comédien, rappellent ses engagements artistiques et, en sous-texte, paraissent aussi navrés par les conséquences inévitables que cette « tragédie du quotidien » entraîne pour l'acteur, son image professionnelle et son entourage proche que par la fadeur de « l'anecdote ». Le style est étrangement doux, démentant la causticité coutumière du journalisme français…

Le père Paul et Romain attendent toujours un nouvel appel de la production.

Ils se retrouvent dans le salon du père Paul, pour une autre soirée d'informations et de débats, inutiles mais généreux. Une émission de télévision consacre une demi-heure au droit de réponse légitime de l'acteur. Le ton est vif, le commentaire dramatique. Romain grille cigarette sur cigarette et, entre deux bouffées, se ronge l'ongle du pouce. Son état d'exaspération en vient à irriter le père Paul.

– Enfin, qu'est-ce que t'as ?

– Ça m'énerve.

– On peut changer de programme si tu veux. Il y a la famille Simpson sur la quatre...

Romain lui décoche un regard noir et contrit à la fois, écrase son mégot dans le cendrier, prend une autre « tige ». Le prêtre l'attrape, la brise, la jette.

– Ça suffit. T'as l'air d'un gosse privé de dessert. Écoute, apprends. Et par pitié, détache-toi de la vilaine journée de cet homme. On dirait que c'est à toi que cette histoire est arrivée.

– Ça m'énerve. J'y suis pour rien, ça m'énerve.

Il ronge à nouveau les bords de son pouce. Le père Paul, résigné, lui offre une cigarette... À la fin de l'entrevue entre Robert De Niro, Guillaume Durand et cinquante millions de Français, Romain s'exclame « C'est pas vrai ! » devant l'intervention pourtant bienvenue et sympathique de la présentatrice de la météo qui « veut faire la bise à Bob ». Père Paul sursaute, alerté.

– Quoi encore ? Quoi ?

– Elle n'a rien compris au film.

Le père soupire. Écoute. Romain explique.

– On l'arrête, et puis on l'embrasse ? C'est complaisant, hypocrite, tout ça.

Le prêtre rétorque, quelque peu découragé :

– Dis donc, monsieur prêchi-prêcha, heureusement que je ne tance pas mes paroissiens comme tu tances le monde. Il n'y a plus moyen de vivre avec toi. Elle a juste voulu être aimable.

– J'exagère ?

– Un tantinet...

Romain sourit sous sa lippe boudeuse. Le père lui met une claque sur le plat de la nuque, zappe et change de chaîne. Romain s'étonne.

– C'est pas fini.

– Il y a un reportage sur le cinéaste qui a réalisé *Le Titanic*. Ça t'intéresse ?

Romain, de nouveau attentif et muet, se passionne devant le petit écran. Père Paul peut enfin se détendre…

Zénith, 9h du matin. Assis dans les rangs parmi les autres figurants-spectateurs, Romain écoute les commentaires sur « l'affaire », qui vont bon train. Les journaux du matin sont tous ouverts à la page de « l'événement ». Il entend le verdict d'un collègue : « Quand on s'appelle comme lui, on ne se prend pas les pieds dans la moquette, c'est tout. C'est lui qui les gagne les millions. Je ne vais pas lui pleurer dessus. » Sûr de sa bonne foi, il se recolle un casque de baladeur sur les oreilles et clôt la discussion.

Pollution intellectuelle, tout ça…

Père Paul, les yeux largement ouverts, regarde partout, tout un chacun et s'émerveille. Les lumières. La piste de glace. Les cyclos aux tons pastels. Il pose beaucoup de questions, auxquelles Romain essaie de répondre. Le prêtre perçoit son trouble, l'interroge. Romain défend à nouveau, étendard en avant, la cause solitaire du grand acteur d'outre-Atlantique. Mais sa parole tourbillonne, vent vide qui se balaie lui-même. Les gens, autour de lui, sont animés, nerveux. Cette euphorie le gagne et le contamine. C'est désagréable et entêtant. L'« affaire » en elle-même ne les passionne pas, mais c'est un sujet de conversation qui dégénère et s'affadit. Père Paul sourit.

– Tu es incorrigible.

– Pourquoi dites-vous ça ?

– Tu as mal aux autres… Ne te perds pas dans les billevesées du monde. Utilise cette belle humanité à devenir profondément généreux. Charité bien ordonnée commence par soi-même : sers-toi au passage…

Romain renifle, hausse doucement les épaules, ouvre un livre.

14h. Plateau-repas. Père Paul se recueille devant la boîte bleue, compartimentée en quatre rectangles. Romain, ébahi, l'interpelle.

– Mon père, vous n'allez pas bénir un sandwich au poulet ?
– Toujours remercier les bienfaits du Seigneur.
– C'est de la bouffe industrielle.
– Alors, je rends grâce au PDG.
– Z'êtes pas croyable !

15h. Entrée des acteurs principaux et chahut de bienvenue. Puis retour à un calme relatif. Les chefs de groupe sont énervés, l'un d'eux n'a plus de voix. Romain voit ensuite s'approcher de lui un grand garçon blond, à l'expression lunaire, qui semble chercher de la compagnie. Il s'assied, pensif, à côté de Romain et du père Paul. Les acteurs principaux sont au bord de la piste. Le blondinet désigne Robert De Niro : « Il a l'air sympa, ce mec. Il est connu ? »

Le père Paul est pris d'un tel fou rire que Romain lui tend une bouteille d'eau pour lui faire passer la toux.

L'historiette est authentique. Un chef de groupe a raconté sommairement la destinée du grand garçon blond à Romain : idéaliste, engagé dans des causes profondes, il a quitté depuis longtemps le monde réel. Il a accompagné des convois humanitaires en ex-Yougoslavie, y a même été blessé ; était activement présent lors de la prise d'otages désespérée de Human Bomb. Il participe à ce métier pour sponsoriser son humanisme. S'il croisait Brad Pitt, il l'appellerait Saint-Père. Le petit monde du cinéma le connaît, les productions l'engagent par sympathie et par tendresse. Certains diront qu'il s'agit d'une anecdote de plus sur les coulisses du septième art…

Les acteurs remontent les gradins.

Sur le passage de Jean Reno, une fille se trouve mal. Contamination collective, stress et amour gaspillé : elle lui crie « Je t'aime » sur le ton de celle qui ne le reverra jamais, celui des accents déchirants sur un quai de gare au temps des grands exodes. Elle a un haut-le-cœur, tombe sur les genoux, est prise de spasmes respiratoires. Un chef de groupe la transporte à l'extérieur. L'acteur la regarde, secoue la tête énergiquement, semblant vouloir chasser un drame qu'il vaut mieux, pour tous, oublier…

Le père Paul est inquiet et veut prendre des nouvelles de la demoiselle. Romain le rassure : « C'est pas grave, elle s'en remettra. Un homme lui fera des tas de bébés, son premier fils s'appellera Jean. Croyez-moi, mon Père, elle va bien. »

Père Paul hoche la tête, mais Romain sent vaciller ses certitudes, le perçoit touché, entamé, par une telle manifestation de désespoir fanatique. Robert De Niro, fidèle à sa réputation d'homme discret, se coule dans la foule avec une bonhomie si tranquille… que les filles l'ont… loupé. Jean Reno ne l'est pas moins, discret. Mais allez savoir ce qui se passe dans la tête des gens.

Plus tard, ils se retrouvent face à face, Romain-De Niro, sur un moment de pause en trompe-l'œil du tournage. Romain ne pense à rien et l'observe de loin. L'acteur s'arrête et regarde par-dessus la foule. Romain le voit venir et, sans y prendre garde, le jauge, appréciateur. Il s'arrête en face de lui et ne l'évite pas…

Le cœur cognant, Romain soutient le regard. Ne pensant d'ailleurs qu'à le soutenir. Tenant bon, la mémoire fragile, habitée encore par ce souvenir, blessant pour lui, de regards qui fuyaient le sien, se brisaient, au temps de sa gloire éphémère et posthume. Père Paul, à côté de lui, observe la scène, et plus Romain que la situation d'ailleurs. Puis le comédien passe sa route, et Romain reprend la sienne. Père Paul conclut :

– On aurait dit le choc des titans.

Romain rit, doucement. Quelque chose s'en est allé, dans ce moment. Quelque chose comme la peur de lui-même. Quelque chose comme ses hontes enfantines. À quoi doit-on de retrouver la paix de l'esprit ?

La pièce *L'acteur studieux* n'a jamais été montée. Romain a écrit un autre texte dont les premières lectures publiques ont connu un succès prometteur. Les acteurs, beaux joueurs, ont resigné pour cette nouvelle entreprise. L'acteur distribué par le hasard dans le rôle d'un de nos plus grands acteurs contemporains croit toujours au succès de l'entreprise. Romain lui a écrit un monologue.

C'est l'histoire d'un jeune homme qui reçoit la visite impromptue du comédien et ne le reconnaît pas. L'acteur lui donne les preuves les plus probantes de son identité. Le jeune homme ne le croit pas et prouve à son interlocuteur qu'il se trompe en lui jouant « le vrai Robert De Niro ».

Quelle est notre part de rêve ? Ma liberté s'arrête-t-elle où commence celle de quelqu'un d'autre ? Robert De Niro est-il une énigme ? Je ne le crois pas. Mais qu'il me ressemble n'est pas jouable. Il faut qu'il soit autre, une légende, un géant, ou je cesse d'être un rêveur, ou je cesse d'être libre et de pouvoir l'inventer…

L'être humain est une énigme, pas une science exacte. Je pourrais pianoter cette énigme sur la gamme de l'infini. Ne me dites jamais que Robert De Niro est comme tout le monde : c'est faux. Parce qu'à moi, il a raconté une grande histoire : la mienne.

Il range dans un carton et définitivement le « dossier presse De Niro ».

Son regard s'immobilise un moment sur la vue de la coupole du Sacré-Cœur, par delà la fenêtre. Blanche et maternelle, elle a enfanté la nuit. Deux étages plus bas, dans l'hôtel en face, un couple debout et nu devant la croisée dépouillée de rideaux s'enlace et s'entrelace.

Dans le bureau de la maison des Pères, emmitouflé dans un gilet informe, le père Paul se laisse bercer par le doux ressac d'un fauteuil à bascule. La télévision est allumée. Il écoute, religieusement, une retransmission du *Journal du cinéma*, que Romain lui a enregistrée et offerte.

À l'autre bout du monde, le jour est levé sur la métropole new-yorkaise. Les klaxons braillent. La radio branchée d'un taxi driver entonne…

Et…

La vie ne finit pas les histoires. Elle est énigme, sourire, humour, soir et matin.

Robert De Niro est né le 17 août 1943 à New York, U.S.A. Qualifié de monstre sacré par le star système hollywoodien, il en étonne plus d'un par son perfectionnisme avéré, comme en témoigne cette remarque faite par un membre du syndicat des acteurs britanniques :

... Ce que fait Robert De Niro, ce n'est plus jouer. Il se glisse si bien dans la peau de ses personnages qu'il devient le personnage lui-même. Moi, je me borne à faire semblant.

Dans une entrevue accordée à la presse, Meryl Streep, qui fut sa partenaire dans *The Deer Hunter, Failing in Love,...* le surnomme le baromètre, affirme que lorsqu'une polémique naît à propos de la justesse d'une réplique, Robert De Niro, lui, trouve toujours le ton exact... Pour d'autres, De Niro incarne tout simplement l'acteur suprême, l'« Empereur », comme on le surnomme également.

Il manifeste une énergie incroyable dans son travail. Préparant l'écriture de ce roman, je me suis débrouillée pour participer au tournage de *Ronin* – réalisé par John Frankenheimer –, dont une grande partie fut tournée à Paris et dans le Sud de la France. Je l'observais attentivement sur le plateau, me demandant ce que, indépendamment de sa légende, j'admirais en lui, dans cet espace du présent, ce lieu tout à coup quotidien d'une journée de tournage.

Un homme criait « Attention » sur le plateau depuis l'aurore et dans l'indifférence générale. Le seul qui a eu un élan « d'attention », c'est Robert De Niro. J'ai sincèrement admiré, du haut de mes trente ans, cette énergie toujours renouvelée dans son travail, presque manifestée avec un enthousiasme de « jeune acteur ».

L'itinéraire de cet acteur plusieurs fois récompensé aux Oscars – pour le rôle de Vito Corleone dans *The Godfather II* (réal. Francis Ford Coppola, 1974) dans la catégorie meilleur second rôle, et comme meilleur acteur pour son interprétation de Jack La Motta dans *Raging Bull* (réal. Martin Scorcese, 1980) – et nominé – pour Jack Travis dans *Taxi Driver* (réal. Martin Scorcese, 1976), pour Michael Vronsky dans *The Deer Hunter* (réal. Michael Cimino, 1978) – apporte ce sentiment de victoire à tous les acteurs qui œuvrent dans l'ombre : oui, le travail, c'est remarquable et remarqué.

Le nom de Robert De Niro est à présent synonyme de cinéma de qualité, d'interprétations magistrales, de sujets ambitieux. Mais il aime toujours le théâtre (jeune acteur, il s'est beaucoup exprimé sur les planches) comme en témoigne sa prestation dans le rôle de Cuba dans la pièce *Cuba and his Teddy Bear*, écrite par un auteur de vingt-six ans, Renaldo Povod, et représentée au New York Public Theater en 1986. La petite histoire raconte que, face à l'intérêt qu'il portait au rôle et au sujet, Robert De Niro accepta de percevoir un cachet modeste par rapport à ce que son statut lui permettait d'exiger : cinq cents dollars par soir, le double d'un cachet de prestige selon les normes en vigueur en France.

Robert De Niro est entré dans l'année 2000 avec la double casquette de réalisateur (il avait déjà réalisé *A Bronx Tale* en 1993) et de producteur. Tribeca, qu'il dirige depuis 1989 (elle a produit entre autres *Wag the Dog* de Harold Ramis et *Mafia Blues* de Barry Levinson) atteste de ses qualités de « fin limier » dans ce domaine également. Et c'est à souligner quand on connaît la difficulté que rencontrent les maisons de production pour perdurer, affirmer un style et confirmer une identité artistique.

Éternel recommencement que Robert De Niro.

L'auteur

Composé en Adobe Garamond® de The Linotype Library™,
ce volume a été imprimé sur rotative numérique
par Book It! à Évreux
pour le compte des Éditions Luce Wilquin

ISBN 2-88253-150-8
D/2000/6344/4